마인크래프트와
랩뷰(LabVIEW)를 활용합니다
asap.co.kr

M I N E C R A F T

마인크래프트로
배우는
랩뷰:프로그래밍

● 이상원 지음 ●

**현대 수학의 공간좌표를 익히기 위해
마인크래프트로 배우는 프로그래밍Programming**

좋은땅

순서

1. 현대 수학, 마인크래프트 그리고 랩뷰 소개

'현대 수학'이라 함은 컴퓨터를 활용한 실질적인 계산 결과와 실험 결과를 토대로 진행하는 쓸모 있는 수학을 말합니다. 반대로 이론 중심이며 세세한 계산보다는 모호함을 가지고 있는 상상 기반의 수학을 '고전 수학'이라고 분류할 수 있습니다. 그러나 '고전 수학'이라고 하여 오래된 것이 아닙니다. 수학은 인류의 역사만큼 오래된 학문이며 그 수학이 잠시 변질된 상태가 바로 '고전 수학'인 것이죠. 그리고 우리는 지금 본래의 수학이자 미래의 수학인 '현대 수학'의 중요성을 살펴보며 그것으로 할 수 있는 것들 중에 프로그래밍 분야를 함께 생각해보려 합니다.

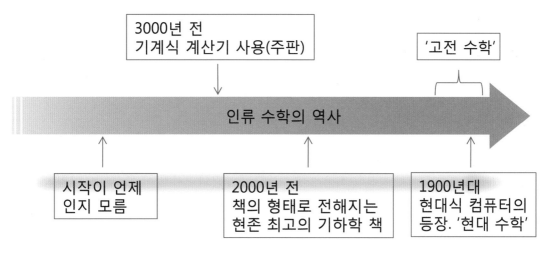

그리고 3차원 공간에 대해 최선의 가상 세계를 제공해주는 '마인크래프트'를 활용하여 설명해나갈 것입니다.

이것을 활용하는 이유는 지금까지 컴퓨터가 발달한 결과로 얻어진 성과임과 동시에 3차원을 이해하고 설명하기에 가장 좋은 방법 중 하나이며 더욱이 다른 소프트웨어와의 호환성까지 준비가 된 게임(가상세계)이기 때문입니다. 하지만 우리나라에서 '마인크래프트'는 12세 이용가의 유해물로도 분류되니 부모님들의 관리도 필요합니다.

어린이들은 충분히 알고 있는 이 게임을 어른들을 위해 간단히 소개하자면 다음과 같습니다.

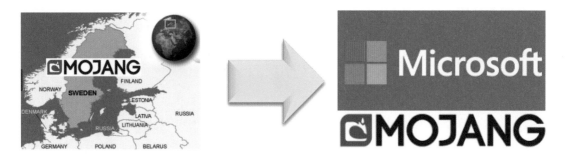

북유럽의 스웨덴에 있던 '모장(Mojang)'이라는 회사가 마인크래프트를 지금의 상태로 개발하여 2009년부터 전 세계를 상대로 서비스를 시작했습니다. 그 뒤 2013년 마이크로소프트사에 인수되었습니다. 모장 이전의 역사를 다루지 못해 아쉽지만 마이크로소프트사와의 인연만으로도 사람들의 관심을 충분히 끌었으며 미국의 학교에서 정식 교재로 사용되고 있기 때문에 관심은 점점 더 커지고 있는 상황입니다.

마지막으로 앞으로 사용할 컴퓨터 개발 언어인 '랩뷰(LabVIEW)'에 대해서 간략히 살펴보겠습니다. 컴퓨터 언어는 근래에 와서 크게 2종류로 나뉩니다. 하나는 '텍스트 기반'의 언어, 다른 하나는 '그래픽 기반'의 언어이죠. 랩뷰는 그래픽 기반의 언어에 해당됩니다. 아이들은 물론 기존의 컴퓨터 언어에 흥미를 느끼지 못한 어른들도 쉽게 다가갈 수 있는 소프트웨어입니다. 더욱이 최근에 '스크래치'와 같은 교육용 프로그램들이 보급되면서 많이 친숙해진 상황이죠. 하지만 랩뷰를 사용한 진짜 이유는 따로 있습니다. 그 어떤 언어에 비해서 수학적 처리 능력이 뒤쳐지지 않기 때문입니다. 어떤 수학 계산의 경우엔 수학 연산 전문 프로그램들보다 우수하죠. 랩뷰는 1980년대 후반 미국의 '내쇼날인스트루먼트(National Instrument)'사가 자사의 계측, 제어 장비들과 함께 사용할 수 있는 언어로 개발, 배포하기 시작하였습니다.

2. 이 책의 프로그래밍 목표

**프로그램과 프로그래밍을
구분해서 보세요.**

ASAP(As Soon As Possible)과 함께하는 코딩(Coding), 프로그래밍(Programming) 공부는 언제나 목표부터 시작합니다. 이것은 현대 수학이나 컴퓨터 분야의 당연한 순서이죠. 하지만 환경의 생소함을 알려드려야 하는 또 하나의 목표를 이루기 위해 이 책의 구성을 3단계로 나누었습니다. 이 책의 큰 목표는 **'마인크래프트와 랩뷰를 이용하여 공간좌표를 프로그래밍 (Programming)하자'**입니다. 이것을 3단계로 나누어 3종류의 프로그램(Program)을 같이 만들어 보겠습니다. 첫 단계는 상세한 설명과 함께 쉬운 프로그램, 두 번째 단계는 고등학교 이과에서 다루는 공간도형 수준의 프로그램, 세 번째는 어른들이 다루는 현실세계에서의 공간좌표에 대한 프로그램을 다루겠습니다.

2-1. 프로그래밍이란 무엇인가

간단하게 절차라고 말할 수 있습니다. 꼭 컴퓨터만이 아니라 어떠한 일이나, 안내, 알림, 진행에 대한 절차죠. 방송 프로그램, 교육 프로그램 등등. 그래서 가끔 혼선이 오긴 하지만 이 책에서 말하는 프로그램은 컴퓨터 프로그램입니다. 컴퓨터를 작동시키는 절차로 생각하면 되겠네요. 그럼 컴퓨터 프로그래밍은 절차를 만드는 과정이라고 말할 수 있습니다. 이것은 요즘 코딩이라는 이름으로 불리기도 합니다. 하지만 그 수준이 다르죠. 무엇이 다를까요? 한마디로 말한다면 수학입니다. 컴퓨터는 현대 수학의 결정체입니다. 수학은 의외로 인류 역사 초창기에 대부분 만들어졌습니다. 그 뒤로 수많은 인종과 국가가 바뀌면서 그 주도권만 옮겨졌을 뿐 발전하지 못하고 있었죠. 바로 컴퓨터가 개발되기 전까지 말이죠. 이 컴퓨터와의 대화를 위해 대화 내용과 순서를 만들어 주는 과정이 코딩이고 수학적인 고차원적인 대화를 할 수 있도록 만드는 행위가 프로그래밍입니다.

여기서 하나 더 정리할 것이 있습니다. 인간이 만드는 무언가는 하드웨어와 소프트웨어로 나눕니다. 물론 아직도 책상이나 의자같이 하드웨어만 존재하는 물건도 있지만 근래에 새롭게 만들어진 스마트 폰, 텔레비전, 냉난방기기, 로봇, 자동차 등등은 비중이 비슷하거나 오히려 소프트웨어의 비중이 높아졌습니다.

소프트웨어를 개발한다는 것은 바로 이 정도 수준인 것이죠. 소프트웨어 개발자는 최고 책임자의 위치에 있습니다. 이 사람은 자신의 분야에 대한 실무 진행을 위해 유능한 프로그래머를 몇 명에서 몇 십 명을 고용합니다. 그 프로그래머는 많은 업무 진행을 위해 단순한 작업을 대신할 코더들을 몇 명에서 몇 십 명을 고용하죠. 그렇습니다. 소프트웨어 개발자, 프로그래머, 코더의 조합으로 소프트웨어가 개발되고 있습니다. 만약 소프트웨어 전문가가 되려 한다면 코딩공부부터 해야 한다는 뜻이기도 하죠. 그리고 지금 말하는 프로그램이라 함은 일반적으로 말하는 소프트웨어들은 물론 코딩과 외형적인 면에서 동일합니다. 코드로 이루어진 모든 것들이 프로그램이죠. 근래에 용도와 목적에 따라 윈도우(Windows), 운영체제(Operating System), 드라이버(Driver), API(Application Program Interface) 등의 다른 이름들이 생겨나고 있지만 모두 프로그램입니다.

프로그래밍을 할 때는 머릿속에 수학의 틀이 준비되어 있어야 합니다. 그 수학은 다시 물리적인 감각으로 조율이 되어야 하고 진행 흐름이 때론 단순하게 때론 복잡하게 그려져야 하죠. 그 뒤 컴퓨터 앞에 앉아 프로그래밍 작업을 시작해야 합니다. 급한 마음에 컴퓨터부터 켜고 코딩을 시작하면 코드들이 당신의 생각을 흔들고 혼선을 만들며 결국 지배당하게 되죠. 그러면 프로그램은 의도와 다르게 만들어지게 되고 대부분 정상 작동을 하지 않게 됩니다.

다른 컴퓨터 프로그래밍 책들이 그러하듯 이 책도 모든 절차를 일방적으로 따라 하는 구조이지만 직접 프로그래밍을 하실 땐 생각부터 수학적, 물리적으로 정리하고 그 정리한 것을 알고리즘화한 뒤 시작하세요. 알고리즘이라는 말은 간단히 컴퓨터의 언어가 아닌 사람의 언어로 구성한 진행 절차라고 생각하세요. 뒤에서 조금 더 다루겠습니다.

2-2. 수학과 프로그래밍 목표

이 책의 프로그래밍 목표를 명확히 정리하기 전에 수학에 대해 간단히 생각해보겠습니다. 여러분은 종교 서적을 제외하고 가장 많이 읽힌 책이 무엇인지 아시나요? 바로 기하학 책입니다. 성경책과 비슷한 시기에 만들어진 이 책은 인류가 알고 있는 대부분의 기하학에 대한 내용이 담겨져 있습니다. 더욱 놀라운 것은 이 책은 처음으로 만들어진 새로운 지식을 담은 책이 아니라 기존에 있는 지식들을 정리해서 옮긴 수많은 기존의 책들 중의 하나라는 것입니다. 지금의 역사 이전에 얼마나 많은 수학 서적이 있었는지는 아무도 모르죠.

한번 더 놀라운 것은 이 책 이후 수학은 고전 수학이라는 이름으로 수학의 본질과 조금씩 멀어지며 유럽 각국 지식인들의 이름 알리기, 역사 남기기로 이용되어 왔습니다. 이 말은 그들의 잘못된 점을 말하려는 것이 아니라 진리를 논리적으로 연구하는 분야인 수학은 절대 진리를 향해 무던히 노력하고 있지만 절대 쉽지 않다는 뜻입니다. 또한 그 당시에는 복잡하고 위대한 진리로 인식되었지만 시간이 지나 다른 사람들의 시선으로 보니 사칙연산 수준인 경우도 있었습니다.

대표적인 것이 바로 미적분학입니다. 일본을 통해 전해 받은 수학은 미적분학에 과대하게 치중되어 있습니다. 한때는 수학과 거리가 있는 일반인들에게 미적분학에 대한 환상을 심어주기 위해 텔레비전 쇼도 하고 미분을 하는 사람을 천재라며 띄우는 방송도 많이 했었죠. 하지만 미적분을 공부한 사람들은 알고 있습니다. 단순 사칙연산 수준이라는 것을 말이죠. 그냥 기존의 수많은 방정식을 다른 형태로 해석할 뿐인 미적분학은 방정식들의 우수성을 마치 미적분학인 것처럼 변환시켰을 뿐 실질적인 결과물을 설명할 수 없었습니다. 보다 구체적인 이야기는 후반부에서 다시 다루겠습니다. 핵심은 이 책에서 앞으로 말하는 수학은 '현대 수학'이라는 것입니다.

간단히 말해 실질적으로 계산하고 결과를 도출하는 컴퓨터 기반의 수학이죠. 미지의 현상을 어떻게라도 해석해보고자 상상을 자신들만의 기호로 표현하거나 기존에 있는 수학을 자신들의 방식으로 재포장한 수학이 아니라는 것입니다.

이제 프로그래밍 목표에 대해 정리해보겠습니다. 참으로 간단합니다. '공간을 공간좌표로 정의하고 그 안에서 각 위치에 대해 수학적으로 해석한 후 랩뷰 프로그램을 통해 계산하자'가 가장 큰 목표입니다. 그리고 두 번째로 '코딩공부를 한 후 프로그래머로 성장할 수 있도록 랩뷰라는 프로그램의 사용 방법과 코딩방법을 알려주는 것'을 부수적인 목표로 합니다.

정리하면, 프로그래밍 환경과 랩뷰의 기본적인 코딩방법에 대해서 알아볼 것이며 마인크래프트와 같이 여러분들이 이미 충분히 인식하고 있는 세계에서의 공간좌표를 설명하는 프로그래밍을 함께해볼 것입니다.

이러한 목표를 이루기 위해 3장에 있는 3가지 종류의 예제를 다음과 같이 만들 것입니다. 3장에서 구체적으로 설명되겠지만 간단히 미리 정리해보는 것이죠.

(3-1.) 기초 프로그래밍이 다루어질 것이며 환경 준비와 랩뷰의 기초적인 내용으로 조금 지루할 수 있지만 차분히 진행되어야 할 부분입니다.
(3-2.) 가상세계에서 여러 도형을 그리고 만들며 실질적인 프로그래밍을 진행할 것입니다. 마인크래프트로 다져진 공간에 대한 이해도가 충분한 사람들에겐 수학 기반의 프로그래밍을 알게 되는 예제이지만, 공간에 대한 이해도가 부족하다면 충분히 이해하긴 조금 어려운 예제입니다.
(3-3.) 앞에서 충분히 이해하지 못했다면 어려운 예제입니다. 더욱이 마인크래프트로 설명되지 않고 극 좌표계인 지구좌표계에서 오로지 랩뷰와 수학만으로 설명되는 예제입니다. 이것은 어떠한 정치적, 군사적 이념이나 국가적 이해관계와 무관한 수학에 대한 이야기임을 밝혀 둡니다.

3. 프로그램 3개 만들기

긴 준비 이야기가 지나갔네요. 이제 본격적으로 저와 함께 프로그램 3종류를 만들 것입니다. 종류가 3종류이지 프로그램 파일이 3개는 아닙니다. 3종류의 프로그램은 각 분야에서 이 책을 접한 여러분들의 이해 정도를 최대한 고려하여 구성했습니다. 직접 만드는 것이 가장 좋겠지만 편안한 마음으로 그런가 보다 하고 읽어가셔도 분명 얻는 것들이 있을 것입니다. 저와 여러분의 공감대를 형성하기 위해 프로그래밍을 하기 앞서 어떤 방식으로 소프트웨어 업무를 하는지에 대해 함께 생각해보겠습니다. 국내 소프트웨어 종사자분들의 업무방식과 약간 다를 수 있습니다. 그것은 그분들이 수학을 싫어하거나 그 윗분들이 논리적인 사고조차 없이 업무를 강압적으로 진행시켜서 그렇습니다. 윗분들이라 함은 직장 상사, 사장님들, 갑의 위치에 있는 발주사들 또는 국가 기관이겠네요.

현대 수학의 결정체는 컴퓨터입니다. 컴퓨터는 수학이죠. 수학을 쉽게 풀어서 컴퓨터에게 일을 시키는 과정이 프로그래밍이며 전반적인 업무가 소프트웨어 개발업무입니다. 결국 수학을 먼저 생각하고 물리적인 현실성 있는 알고리즘을 만들어 프로그래밍 작업을 해야 하죠. 따라서 프로그래밍 작업은 컴퓨터 앞에서 시작하지 않습니다. 산책을 하거나 드라이브를 하거나 등산, 낚시 등 여러 방식의 환경을 선택해 차분하고 논리적으로 생각하는 업무를 진행합니다. 대부분의 시간이 지난 후 컴퓨터 앞에 앉아 단숨에 프로그래밍을 끝내죠. 그리고 실행 테스트를 합니다. 그 결과가 잘못 나왔다면 프로그래머의 수학적 알고리즘이 틀렸거나 물리적인 경험이 부족하여 현실성이 없는 알고리즘을 만든 것입니다. 이럴 경우 다시 컴퓨터를 끄고 수학적인 논리부터 다시 진행해야 합니다. 이 책을 보실 때나 이후에도 이것만은 명심하시기 바랍니다.

이 수준이 되려면 수학, 논리, 물리, 소프트웨어 문법 등에 대한 공부를 열심히 해두어야겠죠?

3-1. 상상을 구체화하는 가상세계에서의 기초 프로그래밍

앞서 말한 것처럼 프로그래밍은 조금 높은 상위 수준의 작업입니다. 프로그래밍을 하기 위해서는 코딩을 먼저 해야 하죠. 코딩 또한 앞선 작업을 필요로 합니다. 그것은 바로 커맨드(Command), 명령어죠. 명령어 또한 실행 환경을 만든 후 진행할 절차입니다. 본격적으로 진행하기에 앞서 간단하게 진행 방향과 취지를 알려드려야겠습니다.

전산학과에서 주로 다루는 것이 실행 환경과 명령어입니다. 어떤 컴퓨터 언어를 사용하기 위해 어떤 환경을 준비해야 하고 어떤 명령어 문법들이 있는지 알아야 하니까요. 수학을 잘하는 학생이 전산학과를 갔다면 그 다음 수준이 될 가능성이 있지만 수학과 거리를 둔 학생이라면 이 정도 수준에서 학습을 하게 됩니다. 컴퓨터의 '언어(Language)'이기에 명령어 사용법을 '문법'이라고도 말하는데 이 책에서는 최소한의 명령어만 사용할 것입니다. 문법을 익히는 건 매우 불안정하기 때문이죠. 왜냐하면 여러분이 지금의 문법을 익힌다 하더라도 시간이 지나면 그 문법은 물론 그 컴퓨터 언어 자체가 무의미해질 수 있기 때문입니다. 마치 코볼(COBOL)이나 포트란(FORTRAN), 볼란드(BOLAND) C 같은 오래전에 극히 일부에서만 사용하다 사라진 언어들처럼 말이죠. 핵심은 코딩, 프로그래밍과 수학입니다.

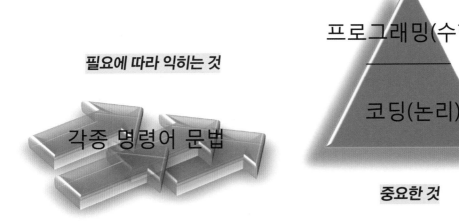

이제 우리가 사용할 {환경 및 준비}와 {커맨드(Command)}를 확인하고 {기초 프로그래밍}을 해보겠습니다.

a. {환경 및 준비}

가장 먼저 마인크래프트 1.12 PC(Java Edition) 버전이 필요합니다. 왜냐하면 기존과 달리 Function(함수) 커맨드가 추가되었기 때문이죠. 이것은 '*.mcfunction' 파일 형태이며 지정된 폴더 안에 넣어주면 마인크래프트에서 그 파일 내의 커맨드들을 단숨에 순차적으로 실행시킬 수 있습니다. 우리는 바로 mcfunction 파일을 랩뷰 프로그램으로 만드는 것이죠.

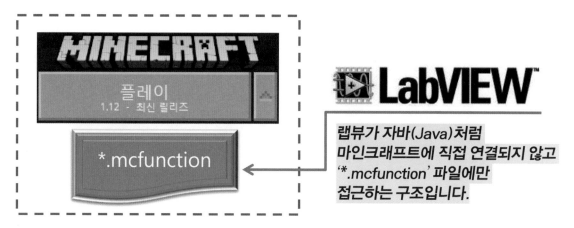

시작 전에 마인크래프트에서 새로운 세계를 크리에이티브, 완전한 평지로 만들어주세요. 저는 'asap'이라는 이름으로 만들었습니다.

그럼 mcfunction 파일의 위치를 알아보겠습니다. 〈윈도우 버튼〉을 누른 후 〈실행〉을 누릅니다. 단축키 '윈도우+R'도 있죠. 아래 이미지는 윈도우 7이지만 윈도우 10도 동일한 단축키로 호출할 수 있습니다.

그러면 아래와 같이 실행창이 뜹니다. 그 안에 '%appdata%'를 입력한 후 〈확인〉 버튼을 누릅니다.

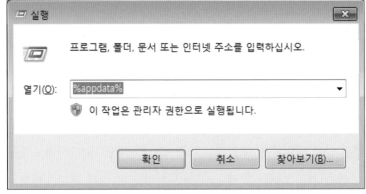

폴더가 하나 열립니다. 그 안의 '.minecraft' 폴더로 들어가시면 됩니다.

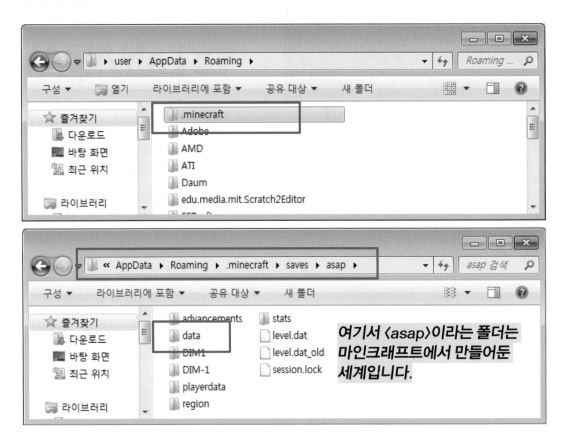

여기서 〈asap〉이라는 폴더는 마인크래프트에서 만들어둔 세계입니다.

그 뒤 하위 폴더로 이동합니다. 〈saves〉, 〈asap〉 그러면 〈data〉라는 폴더가 보이실 겁니다. 그 안으로 또 들어갑니다.

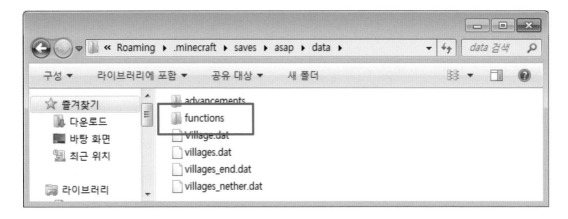

드디어 〈functions〉라는 폴더가 나타납니다. 이 폴더 안에 〈test〉라는 폴더를 하나 만드세요.
그리고 〈test〉 폴더 안에 텍스트 파일을 하나 새로 만듭니다.

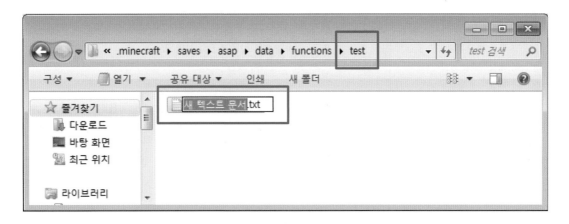

텍스트 파일의 이름을 'code1'로 정하겠습니다.

그리고 파일 안엔 'say hello minecraft!'라는 커맨드를 입력합니다. 보시다시피 function 내부
의 커맨드는 기존의 마인크래프트 커맨드의 문법을 그대로 따릅니다. 단지 마인크래프트의 프
롬프트에 해당하는 슬래시(/)가 없을 뿐이죠.

여러분 컴퓨터에서는 '.txt'라는 확장자가 안 보일 수도 있습니다. 그럴 경우 아래의 방법을 통해서 보이게 설정해두시기 바랍니다.

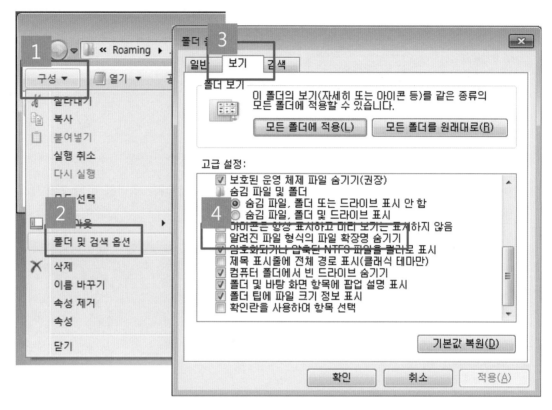

[1] 폴더의 〈구성〉 버튼을 클릭합니다.

[2] 펼침 메뉴의 중간 정도에 있는 〈폴더 및 검색 옵션〉을 클릭합니다.

[3] 새로 뜬 '폴더 옵션'창에서 두 번째 〈보기〉 탭을 클릭합니다.

[4] 아래쪽에 있는 '알려진 파일 형식의 파일 확장명 숨기기' 체크박스를 풉니다.

마지막으로 확장자를 변경해주세요. 물론 앞서 언급된 것처럼 '.txt'를 '.mcfunction'으로 바꾸시면 됩니다. 바꾸면 확인 창이 하나 뜨는데 문제될 것 없으니 〈확인〉 버튼을 누르시면 됩니다.

code1.mcfunction ← 이제부터 이 파일을 수정할 경우
텍스트 파일에서 열어주세요.

이제 마인크래프트에서 해당 function 파일을 실행해볼 차례입니다. 마인크래프트를 실행해주세요. 그리고 아래의 커맨드를 실행하시기 바랍니다. 아시는 것처럼 이 책은 마인크래프트 초보자용 책이 아닙니다. 따라서 마인크래프트에 대해서는 지나친 상세 설명은 하지 않겠습니다.

/reload	Function 파일과 과제 등을 새로 고칩니다.
/function test:code1	test 폴더 내의 code1 함수를 실행합니다.

이번엔 랩뷰 환경에 대해 설명을 시작하겠습니다. 특별한 환경은 없습니다. 단지 다운로드 후 설치하는 과정이 필요하죠. 이것은 '5. 추가 설명'을 봐주세요. {기초 프로그래밍}을 하기에 앞서 확인해둘 사항이 있습니다. 바로 *.mcfunction 파일의 위치입니다. 이것은 이후 랩뷰 프로그램에서 지정해야 할 정보이기에 꼭 필요하죠. 파일 위치는 아래와 같습니다.

'C:\Users\user\AppData\Roaming\.minecraft\saves\asap\data\functions\test' 여기에 파일 이름만 알고 있으면 준비 완료입니다.(위 \user는 컴퓨터마다 다를 수 있습니다.)

여기서 랩뷰를 선택한 이유를 하나 더 간단히 말씀 드리죠. 유럽은 물론 많은 나라에서 파이썬 (Python)을 사용합니다. 최근엔 스크래치(Scratch)가 많이 보급되었죠. 그럼에도 불구하고 랩 뷰를 사용한 이유는 텍스트(Text) 언어인 파이썬보다 직관적인 그래픽(Graphic) 언어이면서 기초 기능만 있는 학습용 스크래치보다 컴퓨터 언어로서의 훌륭한 프로그래밍 환경을 제공해 주기 때문입니다.

b. {커맨드} = 명령어

커맨드는 3~4개만 사용하겠습니다. 그 중 대표적인 커맨드는 'setblock'입니다. 마인크래프트 의 많은 커맨드들에 대해 알고 싶어 책을 보신다면 아쉽지만 다른 책을 봐주세요. 이 책은 수 학과 프로그래밍에 초점을 맞추고 있으니까요. 최소한의 커맨드만 사용할 것입니다. 물론 앞 선 function 환경 확인용 커맨드는 'say'였습니다. 그건 그것으로 끝이죠. 파일의 위치와 환경을 확인하기 위해서 사용했을 뿐입니다. 'setblock' 사용법은 다음과 같습니다. 좌표를 확인해서 실행해보세요.

```
/setblock 1 ~ 0 minecraft:tnt 1       X, Z (1,0) 위치에 tnt 블록 배치. 맨 뒤의 1은 속성. 이외는 생략함.
```

c. {기초 프로그래밍}

랩뷰를 실행합니다. 저는 일단 버전을 2013에서 2017까지, 한글 또는 영어를 사용하겠습니다. 여러분들의 여러 환경을 고려해서 하나만 사용하는 것보다 효과적일 것으로 생각되었습니다. (랩뷰의 설치 정보는 '5. 추가 설명'을 참고하세요)

시작 화면에서 〈새 VI〉를 클릭합니다. 단축키를 사용해도 좋습니다.

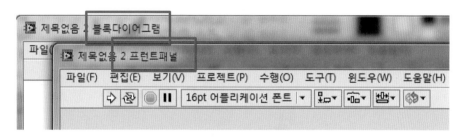

2개의 창이 뜹니다. 앞에 것은 프런트패널(Front panel), 뒤에 것은 블록다이어그램(Block diagram)입니다. 프런트패널은 사용자 인터페이스 화면이고 블록다이어그램은 명령어들을 프로그래밍하는 화면입니다. Text 기반의 언어가 아니기에 일종의 그림판 같은 형상입니다. 보기 편하게 좌우로 정렬하겠습니다. 정렬하는 방법은 단축키 (Ctrl+T)를 사용할 수 있죠. 물론 랩뷰 윈도우 메인 메뉴에서 선택해도 됩니다.

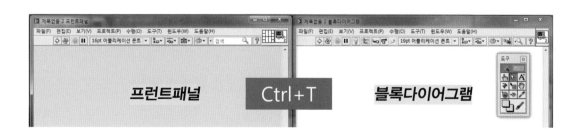

프로그램은 수학식을 처리하고 마인크래프트 커맨드 문법으로 데이터를 변형한 후 '*.mcfunction' 파일에 저장하는 구조입니다. 가장 먼저 파일에 저장하는 기능부터 진행해보겠습니다. 첫 시작이니 최대한 상세히 설명하겠지만 이후 중복된 설명은 생략해나갈 것임을 알려둡니다.

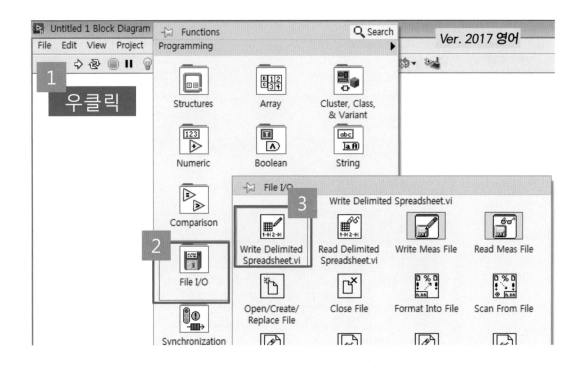

최신 버전은 보시는 것처럼 넉넉한 공간을 사용합니다. 공간 활용 측면에서 앞으론 2014 버전을 주로 사용하는 것이 좋겠군요. 하나씩 설명해보겠습니다.

[1] 블록 다이어그램의 바탕화면에 우클릭을 하세요. 함수 팔레트가 뜹니다.

[2] 〈파일(File) IO〉 클릭(또는 마우스 업). 파일 I/O가 뜹니다.

[3] 〈스프레드시트 파일에 쓰기(Write Delimited Spreadsheet.vi)〉 클릭 후 바탕화면 클릭. 이와 같이 '파일 쓰기 함수'를 바탕화면에 배치할 수 있습니다.

생소한 용어 몇 가지를 정리하고 넘어가겠습니다. 첫째는 '함수 팔레트'입니다. 위 그림에선 우클릭하면 〈Function〉이라는 이름으로 나타났습니다. 이것은 랩뷰가 제공하는 모든 함수들을 종류별로 모아둔 것이죠. 정말 많습니다.

두 번째는 'File IO'입니다. 파일 입출력으로 생각하면 되겠군요. 영어 버전을 사용하는 것은 그리 좋은 생각이 아닌 것 같습니다. 한글과 영어를 중복해서 설명해야 되는 상황이군요. 영어 버전 사용자분들에게는 아쉬운 일이지만 이제부터 한글 버전만 다루겠습니다. 영어 버전은 한글 버전과 언어만 다를 뿐 똑같다는 것을 아시면 좋겠군요.

세 번째는 '스프레드시트(Spreadsheet)'와 'vi'입니다. 스프레드시트는 엑셀(Excel)에서 말하는 그것과 같습니다. 테이블(Table) 형태로 데이터를 관리하는 것이죠. 그래서 다른 프로그램에서도 정돈된 상태로 볼 수 있습니다. 그리고 'vi'는 확장자입니다. 바로 랩뷰의 전용 확장자이죠.

이제 도구 팔레트를 살펴보겠습니다. 아래 그림에서 볼 수 있듯이 함수 팔레트와 함께 〈보기〉 메뉴 하위에 위치합니다. 이것으로 팔레트를 보이거나 사라지게 할 수 있죠. 이것은 랩뷰의 각 객체들을 옮기거나 수정하거나 설정하는 데 사용하는 도구들을 모아둔 것입니다. 자동 상태로 설정하면 마우스 포인트의 위치에 따라 도구가 자동 변경되며 수동으로 고정시킬 수도 있습니다.

여기서 또 하나의 새로운 용어가 나왔군요. 바로 '객체'입니다. 랩뷰에서 객체라 함은 사실 모든 것이라고 생각해도 무리가 없습니다. 그 안에 용도와 기능에 따라서 여러 가지 분류들로 나뉘죠.

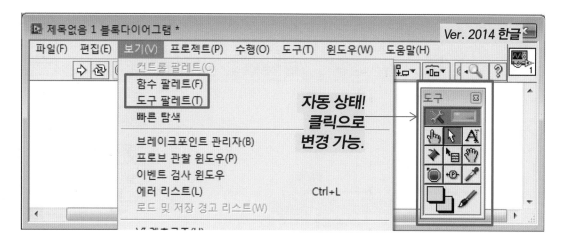

기존에 배치해둔 '스프레드시트 파일에 쓰기'에 마우스를 올려보겠습니다.

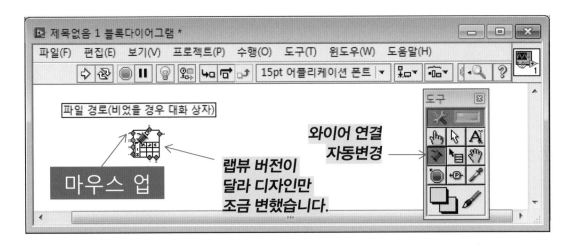

마우스 업(Mouse Up)으로 도구 팔레트의 도구가 자동으로 바뀌고 해당 함수에 여러 개의 터미널이 나타납니다. 코딩을 진행하기 전에 용어부터 정리해야겠군요. '함수(function)'라는 용어가 나왔습니다. 이것은 마인크래프트에서도 나왔고 '함수 팔레트'를 볼 때도 나왔습니다. 모두 같은 의미죠. 맞습니다. 아시는 것처럼 명령어들로 구성된 별도의 파일을 의미합니다. 그리고 '터미널(Terminal)'이라는 용어가 나왔는데요. 이것은 랩뷰의 함수나 노드 등에 와이어가 연결되는 정보 전달 포인트입니다. 이곳으로 정보를 전달하는 와이어를 연결하는 것이죠. '와이어(Wire)'라는 용어는 코딩을 진행하며 설명 드리겠습니다. 함수의 좌측 상단에 마우스를 올린 상태에서 [1]우클릭을 한 후 [2]〈생성〉, [3]〈상수〉를 클릭하세요.

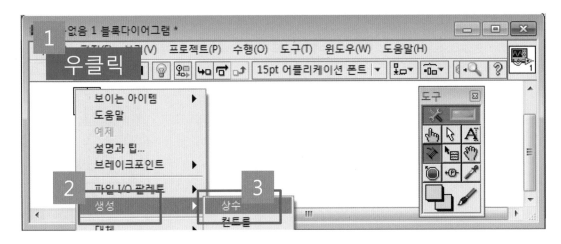

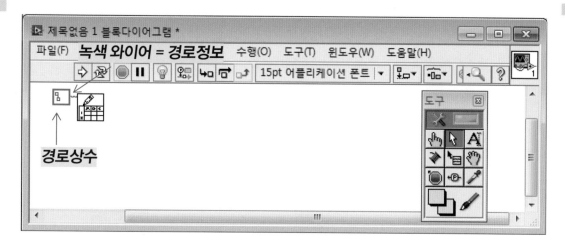

어떤가요? 위 그림처럼 파일 경로를 설정할 수 있는 '경로 상수'가 만들어졌나요? 그리고 그 상수와 함수가 와이어로 연결되어 있습니다. 이것이 바로 와이어입니다. 각 객체들의 데이터를 연결해주며 이것을 따라 데이터가 흐릅니다. 랩뷰는 데이터의 종류에 따라 자동으로 와이어의 색상과 굵기 등을 바꿔주죠. 그런데 함수의 위치가 너무 한쪽에 치우쳐 있습니다. 이것을 옮겨 보겠습니다.

[1] 마우스로 드래그(Drag)하여 모두 선택해주세요.

[2] 선택하면 점선들로 표시됩니다. 이것을 드래그(Drag)하여 이동시킨 후,

[3] 원하는 위치에 드랍(Drop)해주면 됩니다.

역시 텍스트 언어들과 차별화된 방식으로 코딩을 하죠? 자유롭게 배치하고 이동 및 와이어링(Wiring)하여 코딩(Coding)할 수 있는 언어가 랩뷰입니다.

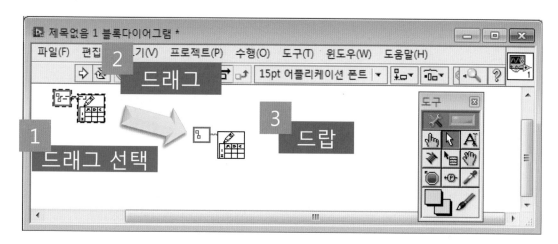

앞서 확인해두었던 'code1.mcfunction' 파일의 위치 경로를 경로 상수에 넣어주겠습니다. 앞선 설명을 참조해서 파일 위치를 복사(Ctrl+C)합니다.

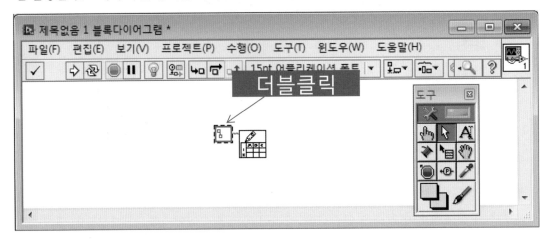

그런 후 경로 상수에 더블클릭(Double Click)합니다. 복사한 경로를 붙여 넣기(Ctrl+V)하세요. 그리고 경로 뒤에 파일 이름까지 추가하면 됩니다.

경로가 너무 길어 화면 밖으로 나가게 되는데 마우스로 위 그림처럼 적당한 위치로 옮겨주시면 됩니다. 이젠 데이터를 한번 넣어 보겠습니다. 기억하시겠지만 이 'code1.mcfunction' 파일 안에는 'say'라는 커맨드가 저장되어 있습니다. 이것을 하나하나 지울 필요 없이 새로운 커맨드를 써주면 되죠. 물론 '스프레드시트 파일에 쓰기' 함수에 '파일에 추가?'라는 터미널을 설정하여 이어 쓰기도 가능하지만 우리는 이 방식을 쓰지 않을 것이니 참고만 해주세요.

다음으로 code1.mcfunction 파일에 새로운 커맨드를 써보겠습니다.

"setblock ~ ~-1 ~ minecraft:magenta_glazed_terracotta 1"

마인크래프트 1.12에 추가된 블록인 '자홍색 유광 테라코타' 블록을 플레이어 발 아래에 배치하는 커맨드입니다. 가장 먼저 문자형 상수를 추가합니다.

블록다이어그램 바탕화면에 우클릭하여 함수 팔레트를 띄웁니다.

[1] 함수 팔레트의 〈문자열〉,

[2] 그 하위의 〈문자열 상수〉를 선택합니다. 선택된 상수를 블록다이어그램 바탕화면에 배치합니다.

[3] 생성된 '문자열 상수'의 데이터 터미널에서부터

[4] '스프레드시트 파일에 쓰기' 함수의 '1D 데이터' 터미널에 와이어링합니다. 연결하라는 의미입니다. 어떤가요?

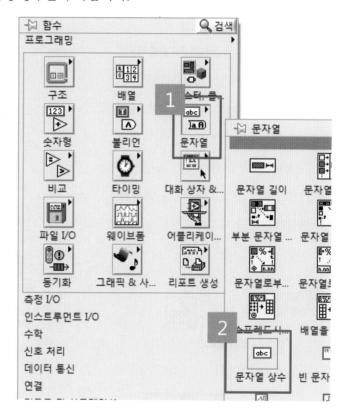

와이어가 깨끗하게 연결되지 않고 점선 상태가 되고 'X' 표시가 위에 뜨죠?

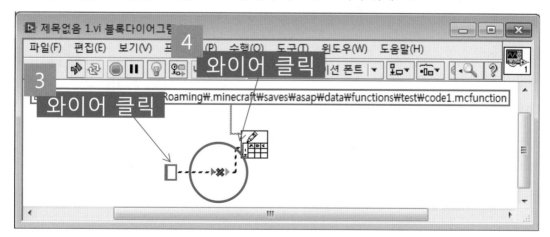

이 상태를 간단히 '와이어가 깨진 상태'라고 말하고 프로그래머는 데이터 속성이 맞지 않다고 인지할 수 있습니다. 랩뷰는 이처럼 실시간으로 디버깅을 해주죠. 이러한 최소한의 문제뿐만 아니라 로직적인 문제도 텍스트 기반의 언어들보다 뛰어난 시각적 디버깅 환경을 제공해줍니다. 이제 이 문제를 해결해보겠습니다. 함수 팔레트를 띄워 주세요.

[1] 함수 팔레트의 〈배열〉을 클릭,
[2] 하위의 〈배열 상수〉를 클릭하여
블록다이어그램 바탕화면에 배치합니다.
'배열 상수'에 기존의 '문자열 상수'를
넣어줍니다. 넣는 방법은 간단합니다.
[3] '문자열 상수'를 클릭하여 지정합니다.
[4] 마우스로 드래그하여 '배열 상수'에
[5] 드랍하면 끝입니다.

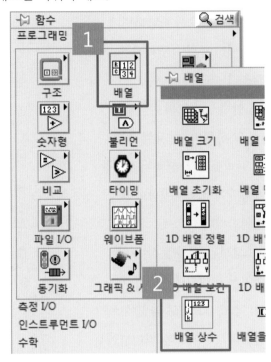

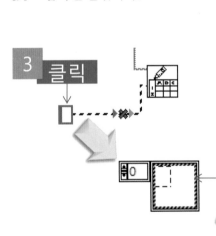

간단히 문자열 상수로 이루어진
배열이 완성되었습니다. 여기서 배열(Array)이라
함은 같은 종류의 데이터 집합입니다.
참고로 다른 종류를 묶어서 집합시킨 것은
클러스터(Cluster)라고 부릅니다. 이 책의 예제에서도
조금 다루게 될 것이며 배열과 더불어 많이 사용되죠.

문자열 상수의 배열

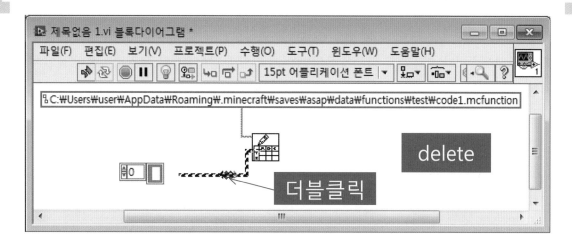

'문자열 상수 배열'을 옆으로 이동시킨 후 깨져있는 와이어를 더블클릭(Double Click)합니다. 이렇게 지정되면 와이어는 반짝거리는 모양으로 바뀌죠. 더블클릭을 하지 않고 단순히 클릭만 한다면 꺾이지 않은 직선 부분만 지정이 됩니다.

그리고 '문자열 상수 배열'의 터미널부터 '스프레드시트 파일에 쓰기'의 '1D 데이터 쓰기' 터미널을 와이어링합니다. 아래와 같이 분홍색 두꺼운 와이어가 연결됩니다. 경로 와이어와는 확연히 구분되죠?

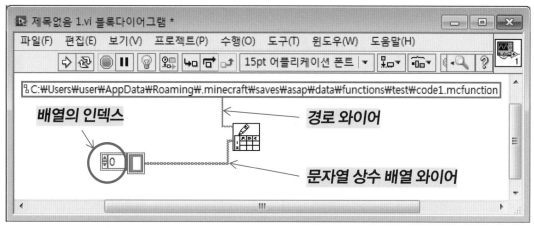

이젠 '문자열 상수 배열'의 첫 번째 인덱스에 앞서 말했던 커맨드를 입력하겠습니다. 여기서 '인덱스(index)'라는 용어가 나오는군요. 이것은 배열에 존재하는 수많은 데이터에 순서대로 번호를 부여해둔 것입니다. 번역을 하자면 '색인'이나 '목차'라고 할 수 있죠. 주목할 점은 1번부터 시작하지 않고 0번부터 시작한다는 것입니다.

지금 상태는 데이터를 입력하기엔 문자열 상수의 크기가 너무 작습니다. 이것을 마우스로 크게 넓혀 보겠습니다. 마우스를 상수에 올리면 아래 그림과 같이 8개의 작은 사각형 점들이 나타납니다. 그것들 중 오른쪽 변에 있는 사각형을 [1] 마우스 다운클릭(Down Click)하여 [2] 옆으로 늘려주세요. 적당한 크기가 되면 [3] 마우스 업클릭(Up Click)하면 됩니다.

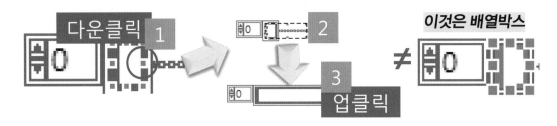

주의할 점은 배열 박스가 매우 가깝습니다. 꼭 구분하세요.

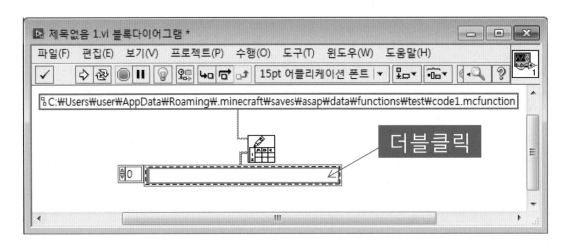

이번엔 위 그림과 같이 문자열 상수 배열의 상수 부분에 더블클릭을 합니다. 그러면 데이터를 입력할 수 있는 상태로 바뀌죠. 아래와 같이 커맨드를 입력합니다. 여기서 주의할 점은 문자와 같은 데이터를 입력하고 완료의 의미로 엔터(Enter) 버튼을 누르는 경우가 많습니다. 하지만 엔터 또한 중요한 데이터입니다. 줄 바꿈 데이터로 인식하지 않도록 주의하세요. 랩뷰의 입력 완료 처리 방법은 '다른 곳 클릭'입니다.

setblock ~ ~-1 ~ minecraft:magenta_glazed_terracotta 1

드디어 실행해볼 차례입니다. 랩뷰창의 상단 부분에 있는 〈실행〉 버튼으로 실행하며 옆쪽에 있는 〈실행 강제 종료〉 버튼으로 종료 시킬 수 있습니다. 물론 지금의

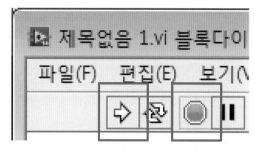

프로그램은 한번 실행하고 스스로 종료되죠. 실행 후 바로 마인크래프트에서 그 결과를 확인 해보겠습니다. 만약 여전히 'say' 커맨드가 작동된다면 무언가 잘못되었거나 빠진 것이니 앞쪽 을 다시 확인해보세요.

```
/reload
/function test:code1
```

마인크래프트에서 위 커맨드를 실행하면 아래와 같이 플레이어 발 아래 블록이 생성됩니다.

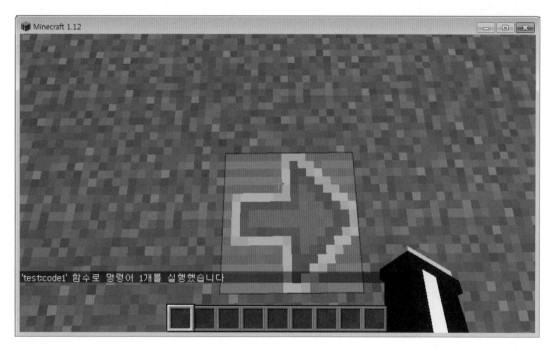

재미 삼아 테라코타의 방향을 바꿔 볼까요?

```
0   setblock ~ ~-1 ~ minecraft:magenta_glazed_terracotta 2
```

랩뷰 프로그램 코드에서 끝의 숫자 '1'을 '2'로 바꿔주고 실행합니다. 그리고 같은 방법으로 마인크래프트에서 2개의 커맨드를 실행하면 아래처럼 바뀌죠.

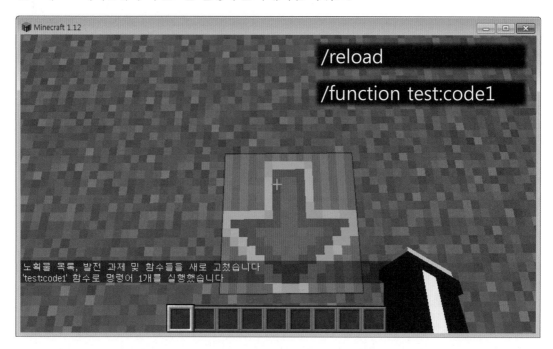

여기까지 진행되었다면 전체적인 프로그램 구조가 이해되실 겁니다. 이런 방식으로 mcfunction 파일을 바꾸고 마인크래프트에서 함수를 호출, 실행하는 것이죠. 또한 랩뷰 코딩 방법도 구체적인 설명이 반복될 경우 조금씩 생략해가겠습니다. 앞으로의 깔끔한 예제 진행을 위해 아래에 몇 가지 커맨드를 여러분이 마인크래프트에서 실행해주세요.

커맨드	설명
/weather clear	날씨를 맑게 해줍니다. 필요하면 사용하세요.
/difficulty peaceful	귀찮게 하는 몹들을 사라지게 합니다.
/gamemode creative	이미 설정되었지만 필요한 경우 사용하세요.
/time set day	낮 시간으로 바꿉니다. day 대신 night를 입력할 수도 있죠.

3-2. 수학과 함께 가상세계 공간좌표 프로그래밍

최대한 단순화하여 랩뷰 프로그램으로 접근이 가능한 마인크래프트 가상세계의 공간을 만들었습니다. 이젠 본격적으로 공간좌표 프로그래밍을 진행해보겠습니다. 시작 전에 '함수 (Function)'라는 말의 뜻을 조금 더 생각해볼까요? 이것은 여러 변수와 상수들로 이루어진 방정식 등을 매번 만들지 않고 별도의 파일 또는 프로그램으로 만들어둔 후 필요할 때마다 불러오는 것을 말합니다. 수학에서도 많이 사용되는 것이며 논리적으로 정리하는 매우 효과적인 방법이죠. 마인크래프트와 랩뷰에서 함수라는 용어를 많이 쓸 것인데 혼란스럽진 않을 것입니다.

이번 장에서 만들 프로그램들을 간단하게 정리해보겠습니다. 한 종류의 예제로 묶어서 언급되었지만 모두 다른 프로그램들이죠. 가장 먼저 {블록 종류 확인 및 선택}을 진행할 것이고 다음은 {3개의 좌표축과 평행한 직선 그리기}를 해보겠습니다. 특정 좌표에 블록 놓기는 이미 했으니 어려움이 없을 겁니다. 그리고 {2차원 도형 그리기}에 이어 {3차원 도형 만들기}를 같이 해볼게요. 사실 이것들은 모두 이 다음에 진행할 프로그래밍에 대한 사전 준비 작업입니다. 3-2장만 잘 이해하고 넘어가시면 정말 재미있는 3-3장의 예제가 기다립니다.

이제부터는 완성된 프로그램을 먼저 보여드리겠습니다. 내가 지금 무엇을 하려는지 먼저 살펴보고 모르는 부분을 채워나가는 방식이죠. 첫 프로그래밍을 시작합니다.

a. {블록 종류 확인 및 선택}
마인크래프트에서 3개의 블록을 선택합니다. 3개의 블록은 각각 X, Y, Z축을 대표하는 블록이 될 것이며 빨간색, 녹색, 파란색이어야 합니다. 왜냐하면 색만 보고도 방향을 인지하기 위함이죠.

선택한 3개의 블록은 아래와 같습니다. 마인크래프트 1.12에 추가된 콘크리트 블록들이죠. 색상의 구분은 속성 코드로 구분됩니다. 각 14, 13, 11번이군요.

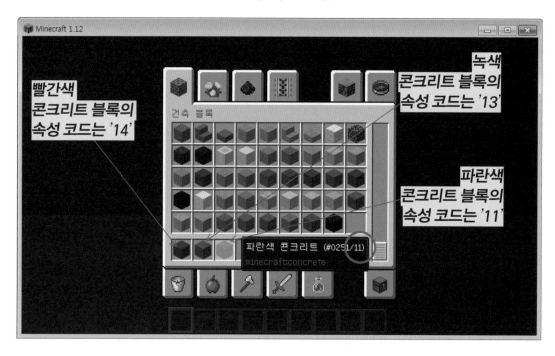

이제 이 3개의 블록들을 나란히 배치하는 프로그램을 만들어보겠습니다. 랩뷰의 몇 가지 기본적인 코딩방법도 설명 드리면서 말이죠.

가장 먼저 지금 하나만 보여지고 있는 배열을 3개로 늘려보겠습니다. 위 그림에서처럼 배열박스에 마우스를 올려 아래쪽 중앙의 작은 상자를 선택합니다.

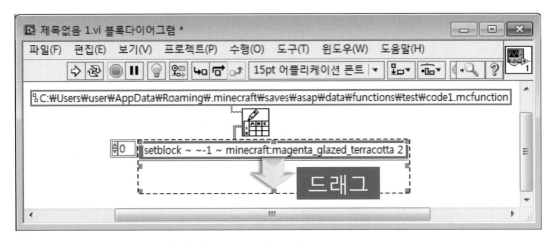

마우스로 다운클릭하여 화면 아래쪽으로 늘리는 것이죠.

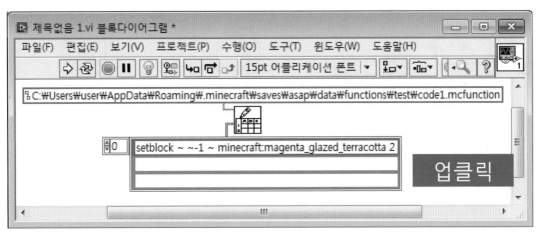

업클릭을 하면 위와 같이 화면에 보여지는 배열의 수가 변경됩니다. 지금은 3개만 보이도록 해주세요. 이 3개에 아래의 코드를 차례로 넣겠습니다.

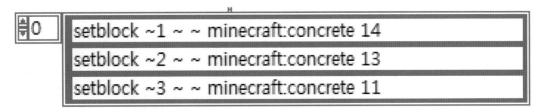

앞서 선택된 블록을 플레이어가 서있는 곳을 기준으로 X좌표만 +1, +2, +3한 위치에 차례로 배치하는 커맨드들입니다. 간단히 정리하면 현재 위치는 물결(~)로 표기하며 '~1'은 현 좌푯값에 더하기 1, '~-1'은 빼기 1을 하는 구조입니다.

하지만 실행해도 마인크래프트 세계에 블록이 배치되지 않습니다. 왜냐하면 'code1. mcfunction' 파일을 살펴보면 아래와 같이 저장되어 있기 때문입니다.

맞습니다. 배열과 배열을 구분하는 '구분 문자'가 '탭(tab)'으로 되어있어서입니다. 마인크래프트 function 파일은 줄 바꿈으로 되어야 하는데 말이죠. 의외로 이 문제를 해결하는 방법은 간단합니다.

[1] 해당 터미널(구분 문자)에 마우스 우클릭하여 상수를 생성합니다.

[2] 상수에 더블클릭하여 편집상태로 만들고 키보드 엔터키를 누릅니다. 줄 바꿈이죠. 이제 실행해보세요. 실행한 결과는 아래와 같습니다.

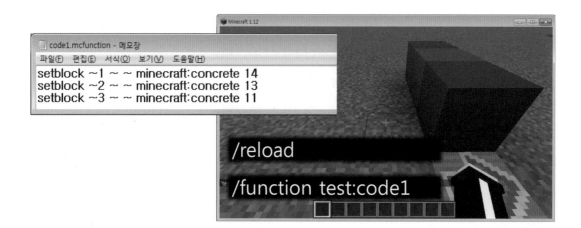

이쯤에서 랩뷰 프로그램 파일을 저장해둘까요? 랩뷰창 상단의 〈파일〉 메뉴로 들어갑니다. 그리고 그 하위에 〈저장〉을 누르면 윈도우 팝업창이 뜨죠. 이후는 일반적인 방법으로 원하는 위치에 원하는 파일명으로 저장하시면 됩니다. 저는 'code test 1.vi'로 저장하였습니다.

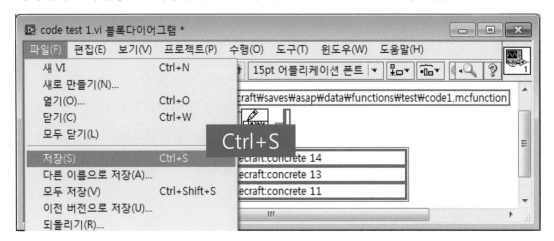

만약 〈다른 이름으로 저장〉을 할 경우 아래와 같은 창이 뜹니다. 기본 설정된 상태가 우리가 알고 있는 다른 이름으로 저장하기입니다. 원본 vi파일을 백업하는 등의 관리 목적으로 몇 가지 설정이 더 있으니 필요에 따라 사용하세요.

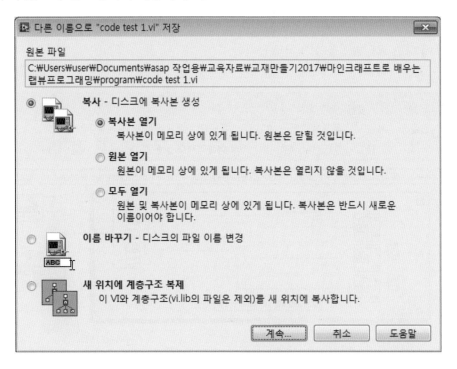

b. {3개의 좌표축과 평행한 직선 그리기}

3차원이기에 3개의 좌표축이 존재합니다. X, Y, Z이죠. 위-아래가 Y축입니다. 간혹 노트필기를 열심히 한 분들이 Y축을 앞-뒤로 인지하는 경우가 많은데 무리가 아닌 것이 일본식 수학책이 그렇게 정리하고 있는 경우가 많죠. 그 영향으로 의외로 많은 프로그램이 한국에 공급될 때 위-아래를 Z축으로 맞춰서 제공하기도 합니다. 하지만 마인크래프트는 물론 대부분의 수학, 프로그래머들은 위-아래를 Y축이라고 하죠. 꼭 그래야 하는 법은 없지만 혼선이 없길 바라는 마음에 알려드립니다. 사실 이 책의 3-3장으로 가면 이런 건 문제 자체가 되지 않으니까요. 굳이 좌표축을 말한 이유는 각 축마다 하나의 직선을 그리려 하기 때문입니다.

3개의 직선을 만들고 만들어진 직선을 보면 방향에 대한 감각이 달라질 겁니다. 첫 직선은 {{X축과 평행한 직선}}입니다. 다음은 {{Y축과 평행한 직선}}, 마지막은 {{Z축과 평행한 직선}}이 되겠군요. 3개 직선의 원점은 (0, 5, 0)으로 합니다.

b-1. {{X축과 평행한 직선}}

기존 프로그램을 다른 이름으로 저장하겠습니다. 파일 이름은 'X축과 평행한 직선.vi'입니다. 그리고 많은 부분을 수정하겠습니다. 완성된 프로그램은 아래와 같습니다. 그리고 이어서 새로운 코드에 대한 코딩방법을 설명하겠습니다.

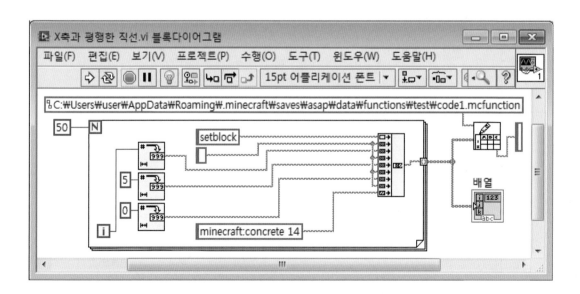

이 프로그램에서 가장 먼저 설명할 것은 'For 루프'입니다. 프로그램의 구조에 해당되며 보통 반복문이라고 불리죠. 랩뷰에서만 'For 루프'라고 번역이 되었습니다. 이것은 아래 그림과 같이 〈함수 팔레트〉의 〈구조〉 내에 위치합니다.

선택 후 바탕화면에 원클릭(One Click)으로 배치하는 것이 아니라 루프의 영역만큼 드래그해 줘야 합니다. 생성한 뒤 크기를 편하게 조절할 수 있으니 적당히 만들어 보세요. 대부분의 구조가 이런 방법으로 블록다이어그램에 배치됩니다.

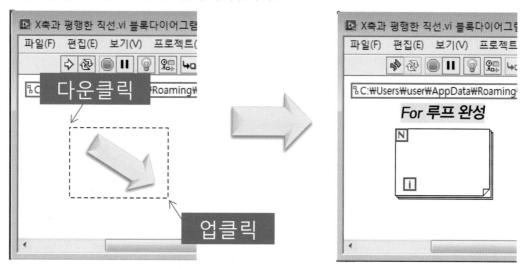

'For 루프'는 1가지의 설정 요소와 또 1가지의 유용한 정보를 제공해줍니다. 이외에도 몇 개의 요소가 있지만 이 책에선 생략하겠습니다.

설정해줘야 하는 요소는 '루프 카운트'입니다. 몇 번 반복할지를 설정해주는 것이죠. 유용한 정보 요소는 '루프 반복횟수'입니다. 지금 몇 번째 반복했는지를 알려주죠.

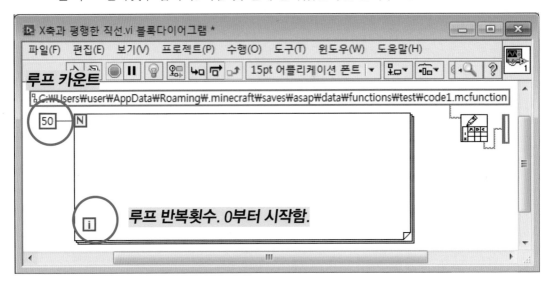

For 루프의 모퉁이를 마우스로 끌어 충분한 크기로 넓혀 주고 '루프 카운트'를 50으로 설정해 줍니다. 다음은 '숫자를 10진수 문자열로'를 배치합니다.

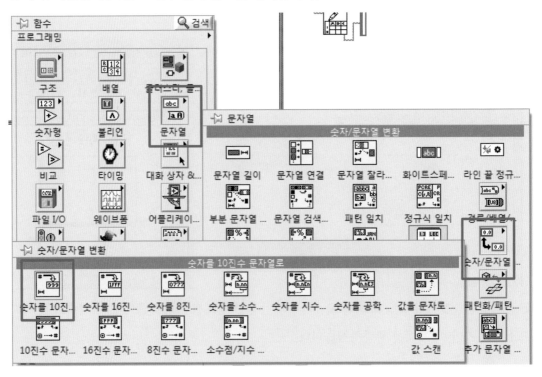

〈함수 팔레트〉의 〈문자열〉, 〈숫자/문자열〉 하위에 있습니다. 이것을 아래 그림에서처럼 'For 루프' 안에 3개 배치합니다.

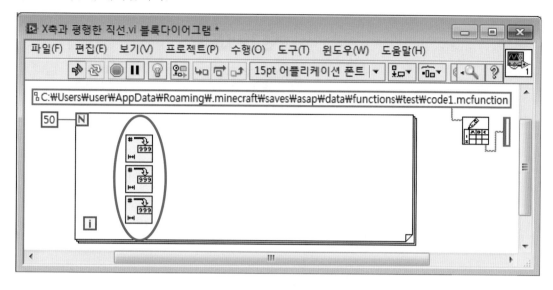

이것은 숫자를 문자로 바꿔줍니다. 특히 소수점이 없는 상수를 말이죠. 3개인 이유는 당연히 X, Y, Z 좌푯값을 변환하기 위해서입니다. 이번엔 X축에 평행한 직선이므로 X값만 변화를 주고 Y(5)와 Z(0)는 상수로 고정할 것입니다.

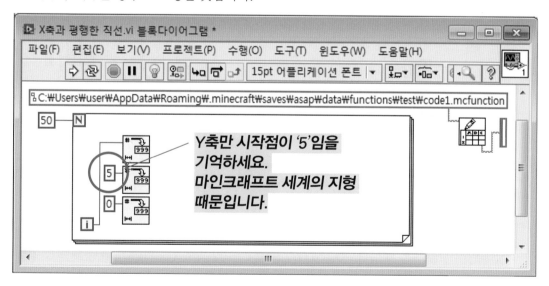

X값은 'For 루프'가 작동하면 50회 변화될 것입니다. 0부터 49까지 말이죠.

다음은 〈함수〉, 〈문자열〉, 〈문자열 연결〉입니다. '문자열 연결'은 처음 생성하면 입력이 하나뿐입니다. 이것을 원하는 입력 개수(9개)만큼 늘려야 합니다.

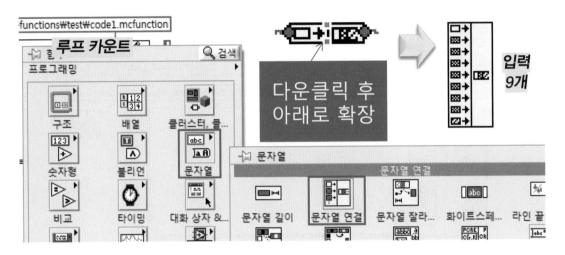

'문자열 연결'이 배치된 다음 출력을 다음과 같이 '1D 데이터'에 연결합니다.

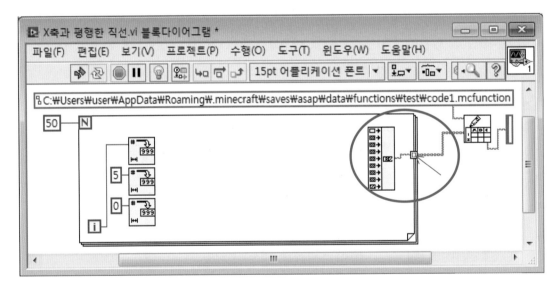

와이어가 'For 루프'를 빠져나가면서 배열 형태로 바뀌는 것을 보실 수 있습니다. 선이 굵어진 것이죠. 그리고 화살표로 표시한 작은 상자가 나왔는데 이것을 우클릭하여 출력 형태를 설정할 수 있죠. 지금은 그대로 두면 됩니다.

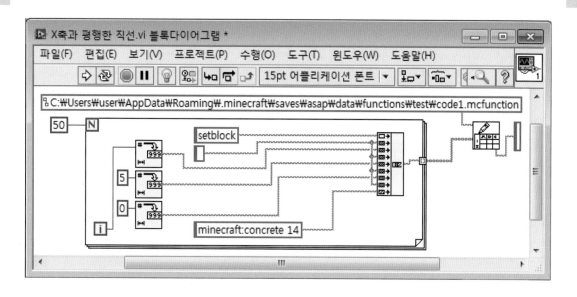

이번에 조금 집중해주셔야 합니다. 위와 같이 '문자열 상수'를 추가하고 데이터를 입력한 후 와이어링을 해주셔야 합니다. 가장 위에 있는 문자 데이터는 "setblock"입니다. 그 아래는 " "이죠. 빈 상수가 아니라 한 줄 띄우기를 한 것입니다. 키보드의 스페이스(space)키를 한 번 누른거죠. 아래 있는 것은 "minecraft:concrete 14"입니다. 결국 기존 예제에서 한 줄로 되어있던 문자열을 여러 개로 나눈 것입니다. 왜냐하면 변수인 좌푯값을 계속 바꿔줘야 하니까요. 이 상태로 실행하기 전에 한 줄로 붙였을 때 실수 없이 연결되었는지 확인하기 위해 인디케이터를 하나 추가하겠습니다. 방법은 아래 그림과 같이 '우클릭' 후 〈생성〉, 〈인디케이터〉를 클릭하면 됩니다.

그러면 와이어가 문자열에 대한 배열이기 때문에 그에 맞게 자동으로 '문자열 인디케이터 배열'이 생성됩니다. 이제 프로그램을 실행해서 프런트패널의 배열 정보를 확인해 보겠습니다. 앞서 알려드린 것처럼 배열 줄을 몇 개 늘린 후 보세요.

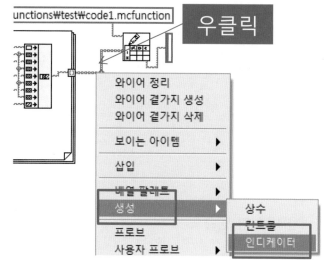

위 그림처럼 오타 없이, 띄어쓰기가 잘된 상태로 나왔다면 성공입니다. 그런데 데이터가 4줄만 보이죠? 이럴 때 아래와 같이 〈보이는 아이템〉, 〈수직 스크롤 막대〉를 보이게 설정하면 좋습니다. 스크롤을 움직여 모든 배열 데이터를 볼 수 있죠.

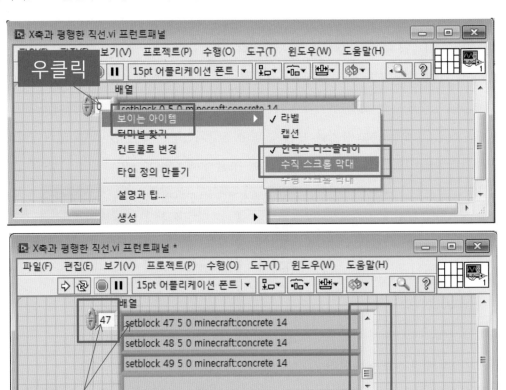

마인크래프트 세계에서도 정해진 커맨드를 실행하니 위와 같이 빨간색 직선이 생겼습니다. 안 보인다고요? 여러분의 좌푯값을 확인해보세요. 3개의 직선은 기준선의 의미이기에 상대좌표 가 아닌 절대좌표를 사용했습니다. 즉, X, Y, Z 좌푯값이 (0, 5, 0)에서 시작하는 직선이기에 그 곳으로 가서 확인하셔야 합니다.

여러분의 현재 위치 좌푯값은 'F3'을 누른 후 화면 좌측 부분에서 확인할 수 있습니다. 어서 이 동해보세요. 너무 멀다면 순간이동을 하실 수 있습니다. 아래와 같이 말이죠.

/tp 0 10 0	0, 10, 0으로 순간이동(teleport)합니다.

b-2. {{Y축과 평행한 직선}}

두 번째 직선을 그릴 차례입니다. 진행하기 전에 '다른 이름으로 저장'을 해주세요. 저는 'Y축 과 평행한 직선.vi'로 저장했습니다. 기존의 파일은 정상 작동하는 상태로 잘 저장해두셔야 합 니다.

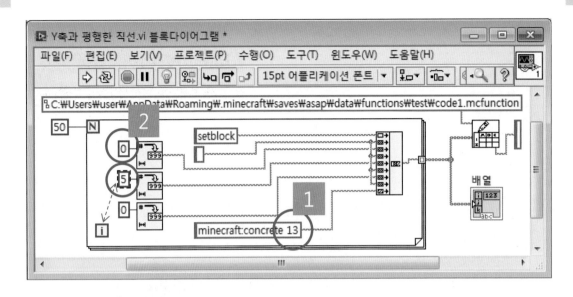

그리고 위와 같이 [1] 마인크래프트 블록의 속성 코드를 '13'으로 수정합니다. [2] X좌푯값에 해당되는 변수 와이어를 끊고 상수 '0'을 생성해줍니다. 여기서 문제가 하나 있습니다. Y좌푯값에 해당되는 상수 '5'를 단순히 삭제하고 'for 루프'의 '루프 반복 횟수'에 연결할 수 없습니다. 왜냐하면 마인크래프트 전체의 원점은 (0, 0, 0)이지만 완전한 평지로 생성된 세계는 지형의 윗면 Y좌푯값이 '4'입니다. 그래서 우린 앞서 좌표축과 평행한 직선 3개의 원점을 (0, 5, 0)으로 정했죠. 이번에 그리는 직선의 시작점이 '5'여야 한다는 말이죠. 이것을 위해 〈함수 팔레트〉, 〈숫자형〉에 있는 〈더하기〉 노드를 아래와 같이 배치하세요.

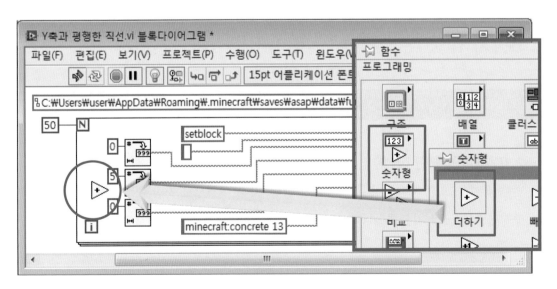

노드(Node)라는 말이 나왔군요. 이것은 단순히 와이어들을 연결해주는 지점 역할뿐만 아니라 와이어에 담긴 데이터를 연산 처리해주기도 합니다. 아래와 같은 숫자형 연산 노드들이 대표적이며 상당히 많은 고급 수학 연산의 역할도 하고 있죠. 이것들 외에도 매우 많이 있습니다. 여유 있을 때 살펴보세요.

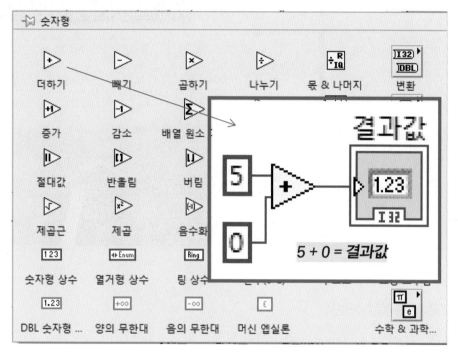

이젠 아래와 같이 더하기(+)를 중심으로 수정해주세요. 배치도 신경 쓰시고요.

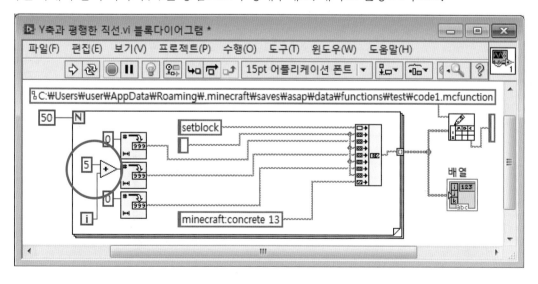

43

완성되었습니다. 실행 후 마인크래프트에서의 결과 직선을 확인해봅니다.

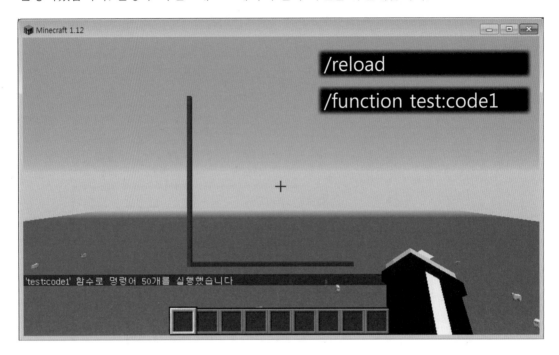

b-3. {{Z축과 평행한 직선}}

다음 직선을 그려볼게요. 랩뷰 파일을 'Z축과 평행한 직선.vi'로 새롭게 저장한 후 아래와 같이 수정합니다. 그리고 마인크래프트에서 확인까지 진행하세요.

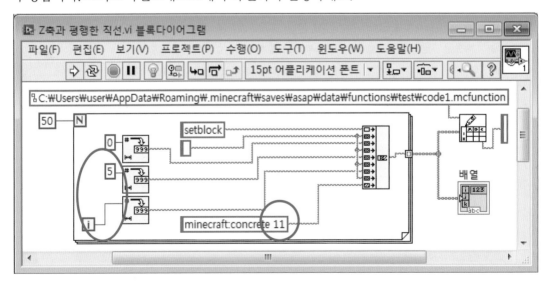

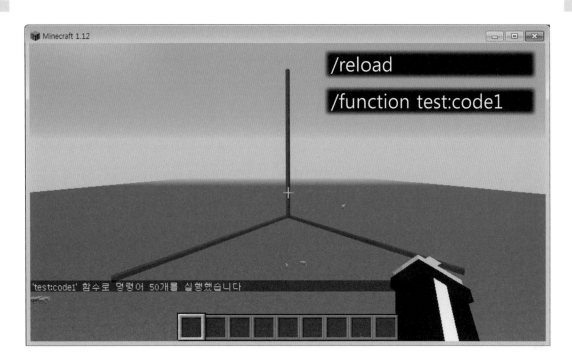

이렇게 우리는 우리만의 원점을 중심으로 3개의 직선을 그려보았습니다. 색상에 따라 좌표축을 한눈에 알 수 있죠. 빨간색(Red), 녹색(Green), 파란색(Blue)은 아시는 것처럼 R, G, B이며 빛의 삼원색입니다. X, Y, Z와 순서에 맞춰 생각하면 됩니다. 이젠 재미있는 도형을 그려보겠습니다.

c. {2차원 도형 그리기}

솔직히 3차원에 대한 충분히 이해도가 있는 분들이라면 2차원 도형은 생략할 대상입니다. 마인크래프트와 같은 3차원 공간에서 충분히 놀아보신 분들은 '2차원 도형 그리기'를 생략하고 넘어가셔도 좋습니다. 컴퓨터도 없이 수학을 공부하는 환경에서는 어쩔 수 없이 2차원부터 공부하며 대부분의 시간을 보내게 됩니다. 이 우주 어디에도 2차원은 없는데 말입니다. 오로지 3차원을 공부해야 하는데 3차원을 이해하기 위한 준비 과정인 2차원 공부가 과도하게 다루어지고 있는 것입니다. 이것은 정말 아쉬운 부분을 가지고 있는데요. 지금부터 진행할 2차원 그리기와 이후 3차원을 비교해보시기 바랍니다.

아. 그리고 하나 더 말씀드릴 것이 있습니다. 지금의 어른들이 어렸을 때 개인용 컴퓨터가 보급되었습니다. 모두들 프로그래밍의 중요성을 말했고 부분적으로 컴퓨터 프로그래밍을 가르치고 또 배웠죠. 그 당시의 프로그램 내용이 놀랍게도 지금의 스크래치와 유사합니다. 화면에 그리고, 움직이고, 소리 출력하고, 반복문과 조건문 등으로 게임이나 이야기를 만들었죠. 이 이야기의 핵심은 그때나 지금이나 나아진 게 없이 2차원 환경에서 코딩공부를 한다는 것입니다. 수학을 2차원으로 배우니 코딩공부도 2차원만 하게 되는 것이죠. 그 사람들 중 극히 일부만 3차원에 대해 생각하고 프로그래밍을 공부해서 지금의 컴퓨터 프로그램 발전을 이룬 것입니다. 물론 기초적인 코딩공부도 중요하지만 생각만큼은 수천 년 전 사람들이 만들어둔 2차원 수학에서 벗어나시길 바랍니다.

첫 번째 그려볼 2차원 도형은 {{사각형}}입니다. 그리고 {{삼각형}}, 마지막으로 {{원}}을 그려보겠습니다.

c-1. {{사각형}}

사각형(Quadrangle)은 역시 직선 4개로 이루어집니다. 기존 직선 프로그램을 이용해서 수정하면 될 것입니다. 블록다이어그램의 크기도 작게 유지할 겸 함수 파일을 만들어 보겠습니다. 이것을 랩뷰에선 서브 vi(sub vi)라고 말합니다. 가장 먼저 기존 파일들을 잘 저장해두시고 'Z축과 평행한 직선.vi'를 'sub_마인크래프트.vi'라는 다른 이름으로 저장하겠습니다. 지금 만들 프로그램은 아래와 같습니다.

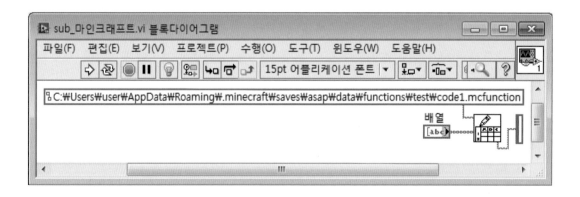

이 랩뷰 파일은 지금의 예제에서 3개의 좌표축과 평행한 직선으로 사각형을 그릴 때는 물론 이후 모든 예제에서 사용될 것입니다. 이제 같이 만들어 보시죠.

위와 같이 대부분을 삭제합니다(반복되는 설명은 생략할게요). 이제 깨진 와이어가 남게 됩니다. 그러면 아래와 같이 '배열 인디케이터'에 우클릭하여 〈컨트롤로 변경〉해주세요. 그러면 컨트롤로 바뀌며 와이어가 정상적으로 변합니다.

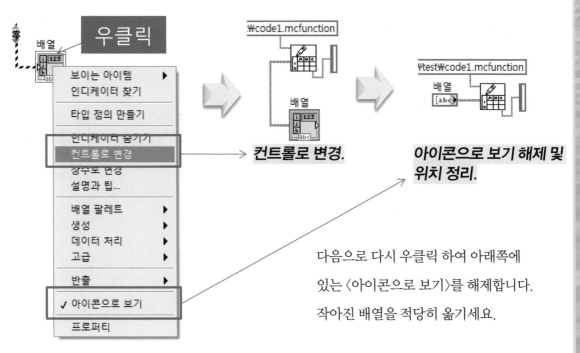

컨트롤로 변경.

아이콘으로 보기 해제 및 위치 정리.

다음으로 다시 우클릭 하여 아래쪽에 있는 〈아이콘으로 보기〉를 해제합니다. 작아진 배열을 적당히 옮기세요.

다음은 오랜만에 프런트패널을 한번 봐주세요. 중앙에 컨트롤로 바뀐 배열이 있습니다. 그리고 오른쪽 상단에 바둑판 같은 사각형이 보이시죠?

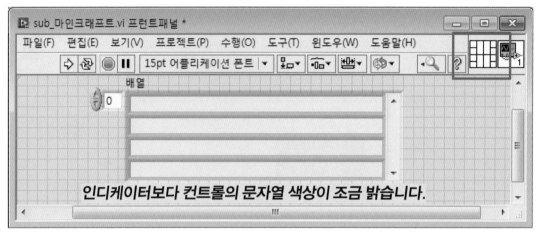

바로 이 사각형이 VI 프로퍼티(Property) 중에 터미널 속성입니다. 우리가 기존에 함수 팔레트에서 함수를 불러와 마우스를 올리면 몇 개의 터미널이 보였는데요. 바로 이 프로퍼티를 통해 설정된 터미널들이죠. 이번엔 우리가 만든 파일의 터미널 속성을 설정할 것입니다. 설정 방법은 아래와 같이 매우 간단합니다.

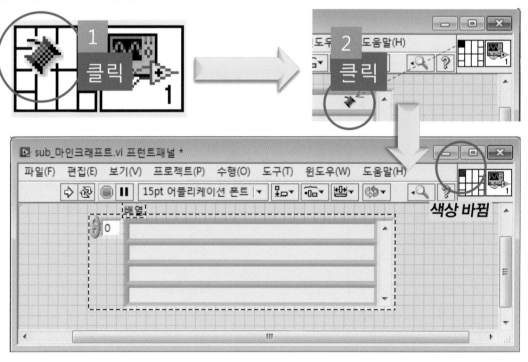

[1] 터미널 프로퍼티 박스의 왼쪽 상단에 위치한 작은 상자를 클릭합니다.

[2] 마우스 커서가 '와이어 연결' 툴로 바뀌고 그 상태에서 배열을 클릭합니다.

결과적으로 지정한 터미널 박스의 색상이 해당 데이터 종류에 맞춰 바뀝니다. 지금은 문자열이기 때문에 분홍색으로 설정되었군요. 이제 이 파일을 저장하고 닫습니다.

랩뷰의 새로운 파일을 열어 아래와 같이 구성하세요. 저는 'Z축과 평행한 직선.vi'를 복제한 후수정했습니다. 그리고 파일 이름을 '2차원(사각형X).vi'로 바꿨습니다.

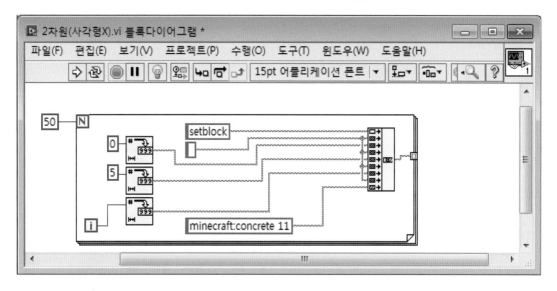

이것으로 사각형을 그리는 파일로 만들기 전에 앞서 만든 서브vi가 잘 작동하는지 확인부터 하겠습니다. 블록다이어그램 바탕화면에 우클릭하여 〈함수 팔레트〉를 열어주세요.

그리고 아랫부분에 있는
〈VI 선택…〉을 클릭합니다.
그러면 윈도우 파일 관리
창이 뜨는데요. 랩뷰에서는
'열 VI 선택'이라고 합니다.

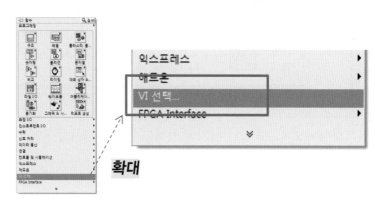

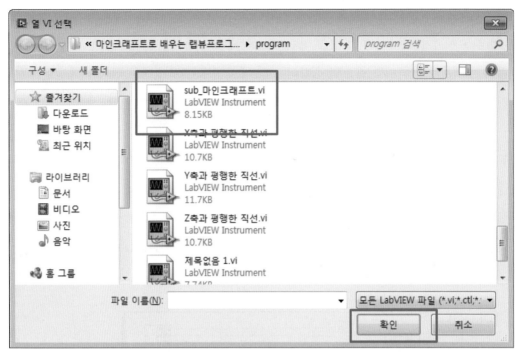

앞서 만들어둔 'sub_마인크래프트.vi' 파일을 선택 후 〈확인〉 버튼을 누릅니다. 기존 파일을 저장할 때 지정한 폴더의 위치는 저와 다를 수 있습니다.

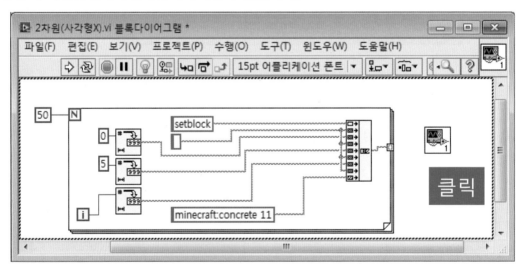

블록다이어그램의 적당한 위치에 선택된 함수를 배치하세요. 아이콘의 모양은 터미널 프로퍼티 바로 옆에서 수정할 수 있으나 우리는 수정하지 않았기에 기본 아이콘 모양으로 소환되었습니다. 아이콘 편집은 이후에 설명할게요.

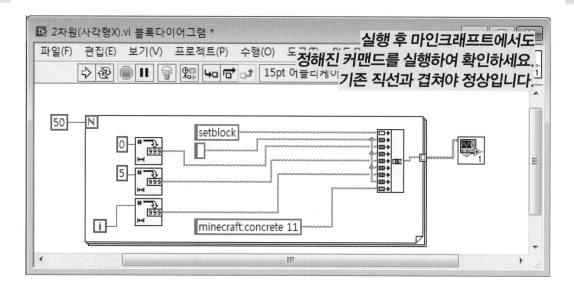

중요한 건 위와 같이 터미널이 만들어져 있고 와이어링이 된다는 것이죠. 이제 프로그램을 실행해서 기존과 동일한 작동을 하는지 확인하세요.

본격적으로 X-Y 평면에 사각형을 그리겠습니다. 사각형의 기준점은 X=5, Y=10, Z=5이며 가로 세로 크기는 10x10칸입니다. 아래와 같은 결과가 나와야 하죠.

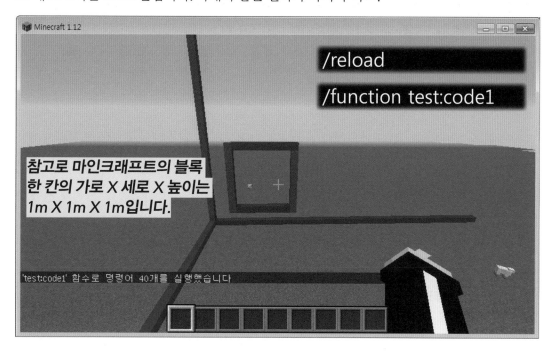

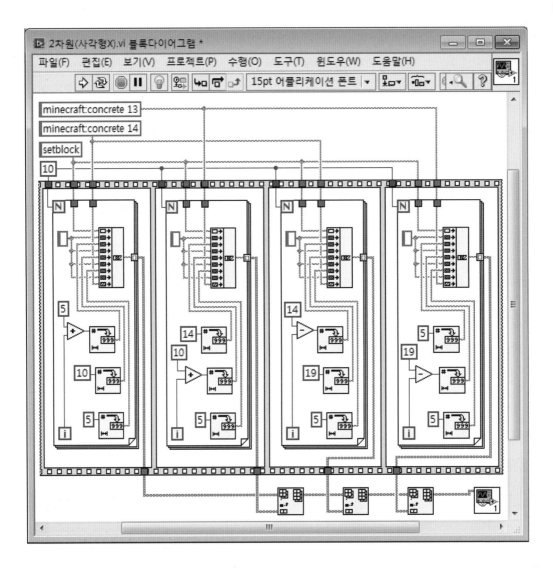

그리고 위의 그림이 지금부터 만드셔야 하는 프로그램입니다. 최소한의 공간에서 최대한 간소화시켜 만들었습니다. 복잡해 보이지만 하나씩 만들면 의외로 쉬울 것입니다. 블록다이어그램의 화면이 크다 보니 그림을 조금 작게 만들거나 그림의 부분만 사용하겠습니다. 진행 전에 아래와 같이 와이어의 연결 표시를 한번 보겠습니다. 랩뷰에서 가장 작은 노드입니다.

이 작은 동그라미가 와이어를 연결해주는 노드입니다.

이렇게 와이어가 교차하거나 겹치더라도 동그라미 노드가 없다면 별개의 와이어입니다.

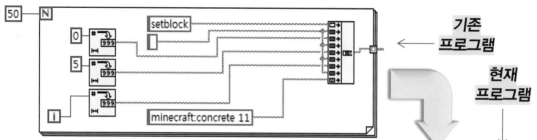

가장 먼저 위와 같이 옆으로 크게 만들었던
코드를 옆 그림과 같이 변형해줍니다. 이것은 오로지
작은 교재에 한눈에 보이도록 변형하는 것으로
여러분들 것은 좀더 커도 되고 기존 코드를 그대로
사용하셔도 됩니다.

하지만 몇몇 상수들과 노드들은 꼭 수정하셔야
하죠. [1] 10X10 크기의 사각형이기에 10번 반복
시키기 위해 '루프 카운트'를 '10'으로 수정합니다.
[2] X-Y 평면에 그리는 것이므로 X축의 좌푯값을
먼저 변화주기 위해 '루프 반복횟수'를 X좌표에
해당하는 노드에 연결해줍니다. 여기서 사각형의
원점이 (5, 10, 5)이므로 5부터 시작하도록 더하기
노드를 추가해주고 상수에는 '5'를 입력합니다.
[3] Y좌표 상수에는 10을, [4] Z좌표 상수에는
5를 입력합니다.

이외 수정하지 않아도 문제가 없는 것은 'for 루프'
안에 있던 3개의 문자열 상수들(옆 그림 *표시)을
밖으로 뺀 부분입니다. 수정하지 않을 경우 모든
'for 루프' 안에 해당되는 문자열 상수들이 각각
배치되어야 해요.

만약 'for 루프' 내의 상수를 다른 루프에 연결하면
배열로 변형되고 추가적인 설정을 필요로 하니까요.

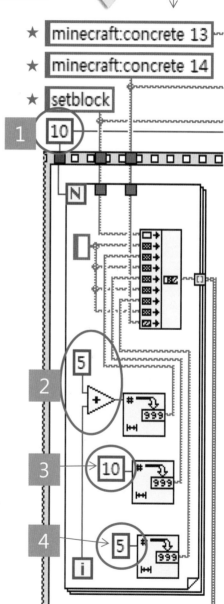

다음으로 아셔야 할 것은 '플랫(Flat) 시퀀스 구조'입니다. 보통 '순차문'이라고도 하지만 랩뷰에서는 '시퀀스(Sequence) 구조'로 정리되었습니다. 여기에 '다층'과 '플랫'이 있는데 코드가 복잡해지면 '다층'으로 만들지만 지금은 한 화면에 보여드리는 것이 더 효과적이기에 '플랫'으로 선택했습니다. '다층'에 대한 설명은 이후에 진행하며 지금은 시퀀스 구조를 블록다이어그램에 배치하는 것부터 시작하겠습니다.

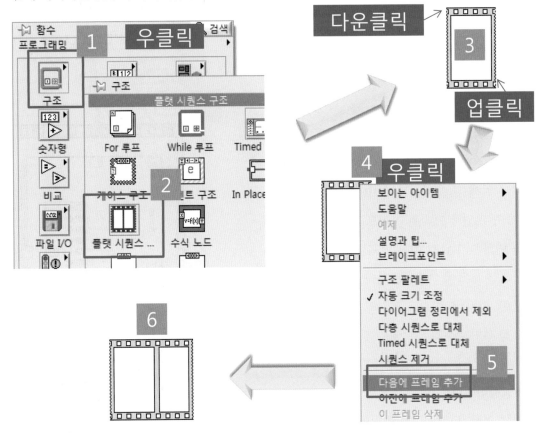

〈함수 팔레트〉를 우클릭으로 열고, [1] 〈구조〉에 있는 [2] 〈플랫 시퀀스 구조〉를 선택합니다. [3] 블록다이어그램 바탕화면에 '다운클릭', '드래그', '업클릭'하여 영역을 지정해주며 '플랫 시퀀스 구조'를 배치합니다. 'for 루프'를 만들 때와 동일하죠. [4] 바로 이어서 '플랫 시퀀스 구조'의 테두리에 우클릭한 후 [5] 〈다음에 프레임 추가〉를 누릅니다. 어떤가요? 옛날 영화 필름처럼 생긴 것이 [6] 한 칸 더 생겼나요? 이런 방식으로 이전이나 다음에 프레임을 추가할 수 있습니다.

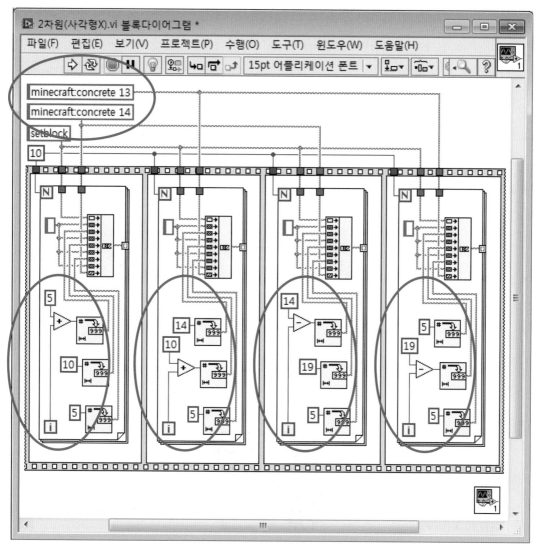

앞의 모든 예제를 함께한 여러분들이라면 위와 같은 상태로 충분히 만드실 수 있을 겁니다. 주의할 점 몇 가지를 알려드린다면 4페이지로 구성된 '플랫 시퀀스 구조' 안에 각 'for 루프'는 X, Y 좌표 데이터 부분만 빼고 모두 동일합니다. 그리고 마인크래프트 콘크리트 블록의 2가지 속성이 번갈아 가며 연결되었죠. 이것은 사각형을 아래 수평선(X축 더하기 방향)부터 그리고 위로 올라가는 수직선(Y축 더하기 방향)을 그린 다음 위 수평선(X축 빼기 방향), 마지막으로 아래로 내려가는 수직선(Y축 빼기 방향)을 그리기 때문입니다. 이에 맞춰 좌표 초기값도 각각의 '상수'에 입력해야 하죠.

마지막으로 '서브 vi'로 연결되는 배열 처리가 남았군요. 배열은 배열만의 독특한 연산들이 있습니다. 인덱스가 매우 중요하며 인덱스를 기준으로 배열을 '만들기' 하거나 '대체', '삽입', '삭제', '잘라내기' 등의 많은 기능들이 있습니다. 지금은 아래와 같이 〈함수 팔레트〉, 〈배열〉 안의 〈배열에 삽입〉 함수를 사용할 것입니다(팔레트는 계층 구조이며 '안에 있다', '속에 있다', '아래 있다', '하위에 있다' 등은 모두 같은 말입니다. 메뉴 속에 그 다음 메뉴들이 모여있으니까요).

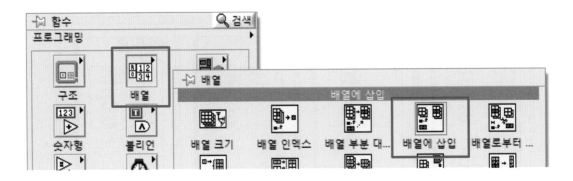

블록다이어그램에 배치하면 다음과 같은 모양으로 나타납니다. 배열을 사용할 때는 특히나 터미널의 위치가 중요한데요. 그림 설명을 잘 봐주세요.

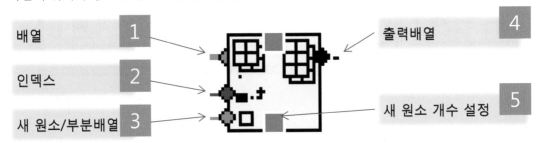

[1] '배열'은 기준이 되는 처음 배열을 의미합니다. 앞선 배열이 없을 경우 '배열 상수'라도 넣어 줘야 하죠. 꼭 연결되어야 할 터미널입니다.

[2] '인덱스'는 [1]번 배열에 [3]번 배열을 넣을 때 어디에 넣을 것이냐를 설정해주는 터미널입니다. 숫자 상수를 넣어주면 되죠. 아무것도 넣지 않으면 [1]번 배열의 가장 끝에 [3]번 배열을 붙여(삽입)줍니다. 선택적으로 사용하는 터미널이죠.

[3] '새 원소/부분배열'은 추가로 붙여(삽입)줄 배열을 연결해주는 터미널이며 꼭 연결해줘야 합니다.

[4] '출력 배열'은 [1]번과 [3]번이 합쳐진 배열이 출력되는 터미널입니다.

[5] 이것을 보면 마우스로 늘릴 수 있다는 걸 아실 거예요. [3]번 배열 입력 개수를 조절할 수 있지만 지금은 안 쓰겠습니다. 이제 이것을 2개 더 만든 후 아래와 같이 배치해주세요. 그리고 와이어링도 진행합니다.

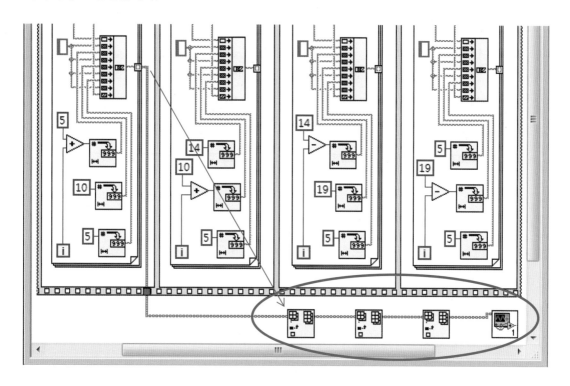

3개 모두 '배열' 터미널과 '출력 배열'이 연결되었으며 '서브 vi'까지 연결되었습니다. 가장 중요한 것은 첫 번째 '배열' 입력 부분인데요. 첫 번째 시퀀스 내의 출력 배열이 꼭 '배열' 터미널에 연결되어야 합니다.

여기서 랩뷰의 실행 우선순위에 대해 말씀 드려야겠군요. 다른 텍스트 기반의 언어들은 기본적으로 첫 줄부터 줄의 순서에 따라 코드를 실행하지만 랩뷰는 줄이 없습니다. 그래서 두 가지 정보에 따라 실행 순서를 정하는데요. 하나는 블록다이어그램 화면의 위에서 아래 순서로, 다른 하나는 왼쪽에서 오른쪽으로입니다. 가장 윗부분 왼쪽 끝의 함수가 제일 먼저 작동을 하는 것이죠. 그래서 구조 또한 왼쪽에서 오른쪽으로 진행합니다. 물론 이것은 와이어링으로 데이터의 흐름을 정하여 만들어진 실행 순서 다음의 이야기입니다.

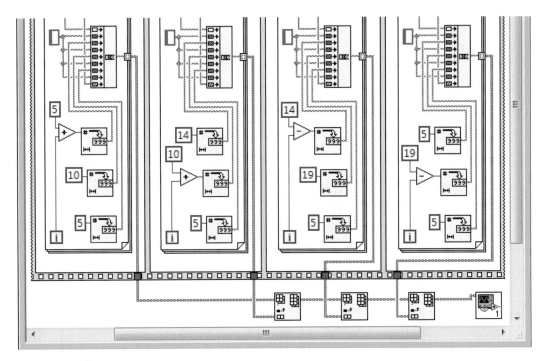

드디어 완성입니다. 갑자기 난이도가 올라가서 어려워하신 것은 아니죠? 이 정도까지 진행되었다면 랩뷰에 대해 충분한 감을 잡으신 겁니다. 이제 실행해보시죠.

어떤가요? 마인크래프트 화면에 사각형이 그려졌나요? 사각형의 수평방향 직선들과 수직방향 직선들의 색상이 예상한 것처럼 나왔을 겁니다.

여유가 된다면 다른 평면에서도 사각형을 그려보고 싶지만 우리는 어서 3차원으로 가야 하기에 이 정도로 사각형을 마무리하겠습니다. 여러분들은 기회가 된다면 X-Z평면과 Y-Z평면 기준으로도 사각형을 그려보세요. 그리고 지금처럼 정사각형 말고 직사각형이나 크기를 바꿔보는 것도 좋은 연습이 될 것입니다.

c-2. {{삼각형}}

앞선 사각형은 매우 단조롭고 수학에 기초한다기보단 랩뷰 커맨드를 설명한다는 목적에 어울렸습니다. 하지만 삼각형(Triangle)은 다릅니다. 이것을 그리기 위해서는 직선의 방정식이 필요하죠. 직선의 방정식을 이용해 두 점의 좌표를 입력하면 그 두 점을 잇는 선을 그리도록 프로그래밍해보겠습니다.

조금 고민이 되는군요. 직선의 방정식을 추가 설명 없이 프로그래밍만 할 것인지 최소한의 유도 과정을 설명할지 말이죠. 이렇게 하죠. 일단 방정식을 기준으로 프로그래밍을 한 후 실행합니다. 그리고 마인크래프트 세계에 생성된 블록들을 보고 방정식에 대해 간단히 추가 설명하는 거죠. 첫 번째 삼각형은 효과적인 설명을 위해 정삼각형이 아닌 한 변이 45도로 기울어진 직각 삼각형을 만드는 것이 좋겠네요. 이후에도 방정식과 같이 추가 설명이 필요한 것들은 이와 같은 순서로 설명 드리겠습니다.

그럼 처음으로 등장한 '직선의 방정식'의 형태부터 살펴보고 바로 프로그래밍을 시작해보겠습니다. 직선의 방정식은 평면좌표(2차원 X-Y 평면)상의 두 점을 지나며 두 점의 X좌표가 같지 않을 때 아래와 같이 정리할 수 있습니다.

$$y - y_1 = \frac{y_2 - y_1}{x_2 - x_1}(x - x_1)$$

여기서 X1과 X2가 같다면 'X=X1'인 간단한 방정식으로 추가 정리됩니다.
어찌되었든 이 방정식에서 X1, Y1은 한 묶음의 2차원 좌푯값이 됩니다. 또 X2, Y2도 한 묶음의 좌푯값이죠. 그리고 X는 직선이 시작되는 X축의 값(X1)부터 끝나는 X축의 값(X2)까지 변화를 주어야 하는 변수가 됩니다. 그리고 Y값은 그 결과값이 되죠. 즉, X값과 X값의 변화에 따른 Y값을 계산하고 두 X, Y 좌푯값 위치에 블록을 배치하면 됩니다. 블록의 색상은 노란색으로 하겠습니다. 당연히 빨간색 빛과 녹색 빛을 합치면 노란색 빛이 되기 때문이죠. 그리고 노란색 콘크리트 블록의 속성 코드는 '4'번입니다.

우리가 이루어야 하는 결과는 아래와 같습니다.

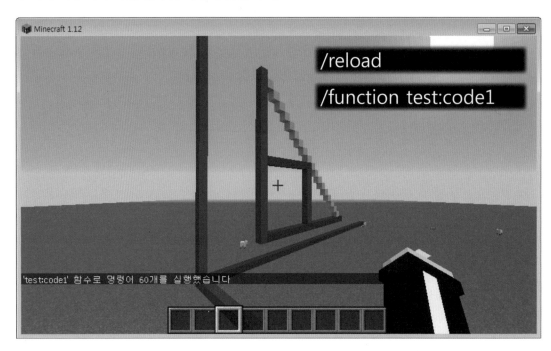

그리고 이것에 대한 프로그램은 아래와 같죠. 하나씩 함께 진행해보겠습니다.

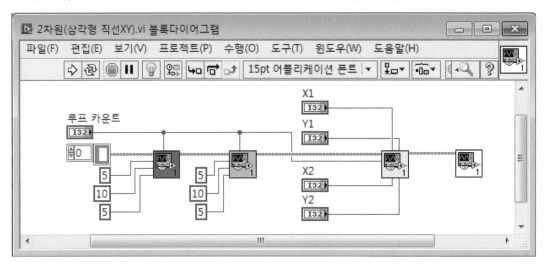

프로그램이 아주 단순해졌나요? '서브 vi'에 의한 함수처리를 하면 이렇게 단순화시킬 수 있습니다. 각 '서브 vi'의 아이콘은 설명을 짧게 하기 위해 색상만 바꾸었습니다. 눈치채셨겠지만 좌표축과 좌표평면에 따른 색상입니다.

이제 하나씩 만들겠습니다. 가장 먼저 기존에 만들어 두었던 'X축과 평행한 직선.vi' 파일을 복제하여 'sub_2차원(삼각형 직선)X축과 평행한 직선.vi'파일을 새로 만듭니다. '복제'라 함은 내용물도 동일하게 만들라는 의미이며 간단히 복사하여 붙여 넣기 한 후 이름을 바꾸시면 됩니다. 물론 앞서 사용한 방법처럼 '다른 이름으로 저장'을 하셔도 좋습니다.

이렇게 이름이 바뀐 파일을 열어서 아래와 같이 수정해주세요.

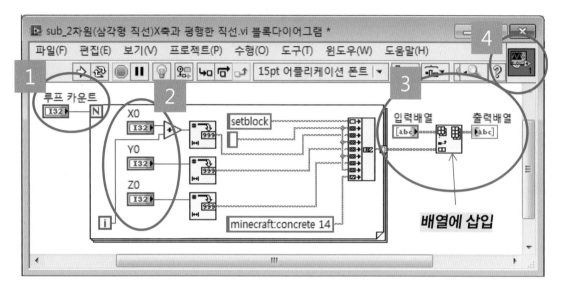

빨간색 원으로 표시한 부분들이 수정되었습니다. 기본적인 틀은 똑같고요.

[1] 상수를 컨트롤로 변경합니다. 컨트롤로의 변경은 앞서 인디케이터로 변경한 것처럼 〈우클릭〉후 〈컨트롤로 변경〉을 누르시면 간편하게 변경이 되며 컨트롤의 이름(라벨: Label)은 더블클릭하여 입력하시면 됩니다.

[2] 이것 또한 상수들을 컨트롤로 변경한 것입니다. 그리고 X좌표가 항상 0에서 시작할 리 없기 때문에 더하기 노드를 추가했습니다. 특이사항은 객체의 이름이 X, Y, Z가 아니라 X0(zero), Y0, Z0이라는 것이죠. 이것은 입력 변수가 아니라 초기 설정값이라는 의미로 보시면 됩니다.

[3] 그리고 이 부분이 쉬운 듯 어려울 수 있는데요. 물론 앞서 사각형을 만들 때 '배열에 삽입' 함수를 사용했었기 때문에 큰 어려움은 없을 것 같습니다.

주의할 점은 '입력배열'은 컨트롤이고 '출력배열'은 인디케이터라는 것이죠. 아래 그림을 추가로 참고해보세요.

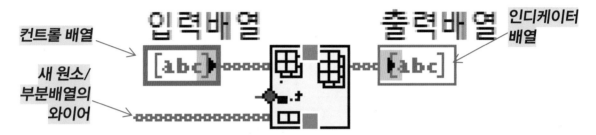

[4] 아이콘 편집을 해보겠습니다. 이것은 함수를 여러 개 쓸 때 이름을 확인하지 않고도 한눈에 파악하는 데 큰 도움을 줍니다. 아래 그림을 먼저 보시죠.

[1] 랩뷰창의 오른쪽 윗부분에 있는 아이콘을 '우클릭'하세요.

[2] 그리고 〈아이콘 편집…〉을 선택합니다. 그러면 아이콘 편집창이 뜹니다.

이것은 그림판과 유사하며 고급 사용자를 위해 '템플릿', '아이콘 텍스트', '문양', '레이어' 등의 기능을 제공합니다. 이것들은 여러분들이 천천히 해보시고 지금은 색상만 바꾸겠습니다. 바꾸는 절차는 아래 그림을 봐주세요.

[3] '라인색' 설정창을 클릭.

[4] 팝업 된 색상 팔레트에서 빨간색 선택 클릭.

[5] '채우기' 선택 클릭.

[6] 채울 부분에 클릭.

빨간색의 의미는 역시 X축을 상징하기 때문입니다.

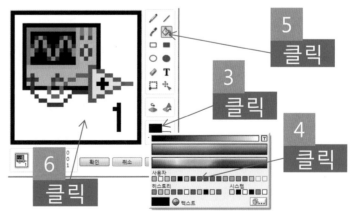

의외로 간단하죠? 이번엔 프런트패널을 보겠습니다.

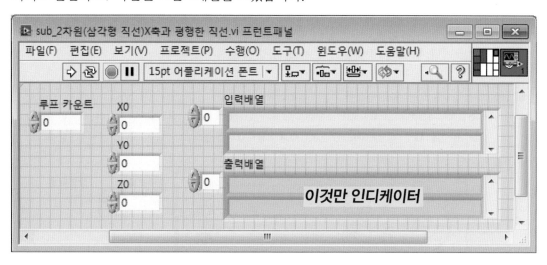

블록다이어그램에 있던 컨트롤들과 인디케이터가 보이는군요. 배치를 조금 정리하셔야 합니다. 만약 화면에 안 보인다면 블록다이어그램에서 해당되는 객체를 더블클릭하는 방법도 있습니다. 반대로 프런트패널에서 더블클릭하면 블록다이어그램에서 해당 객체를 찾아주죠. 여기서 작업해줄 것은 터미널 프로퍼티 연결입니다. 이건 길게 말로 설명하는 것보다 아래 그림을 참고하시는 것이 좋겠군요. 제가 추가 설명을 하지 않아도 이후 함수 연결할 때 라벨에 대한 정보를 랩뷰가 다 알려줄 겁니다.

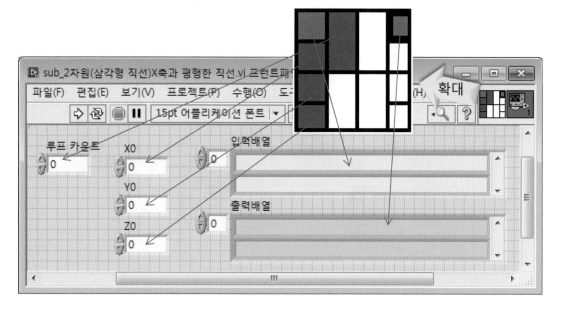

두 번째 위치한 함수 'sub_2차원(삼각형 직선) Y축과 평행한 직선.vi'를 만들어 보겠습니다. 이 것은 앞의 파일을 복제하여 만들어도 좋고 같은 방법으로 'Y축과 평행한 직선.vi'를 복제하여 만들어도 좋습니다. 방법이 어떠하든 아래와 같이 만들어지면 되죠.

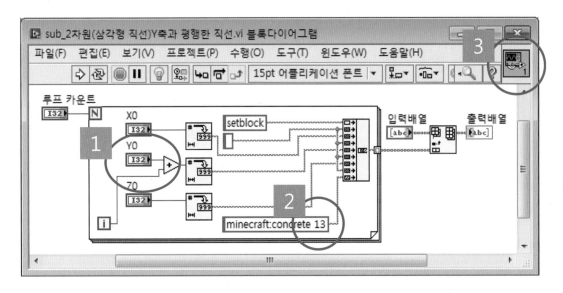

앞에서 작업한 프로그램과 좌표축이 다르기 때문에 내용도 3가지가 다릅니다. [1] 변수가 Y축 으로 바뀌었고, [2] 속성 코드가 '13'으로 수정되었으며 [3] 아이콘이 바뀌었죠. 어떠신가요? 할만 하시죠? 이왕 바꾸는 중이니 Z축에 해당되는 프로그램도 아래와 같이 바꿔 주세요. 지금 당장은 안 쓰지만 바로 이어서 사용할 겁니다.

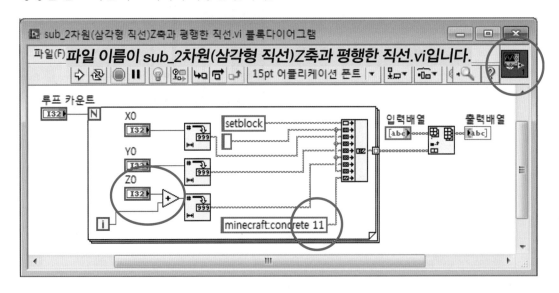

이번엔 대각선입니다. 사실 이것이 삼각형의 핵심이죠. 바로 직선의 방정식이 코딩될 프로그램이기 때문입니다.

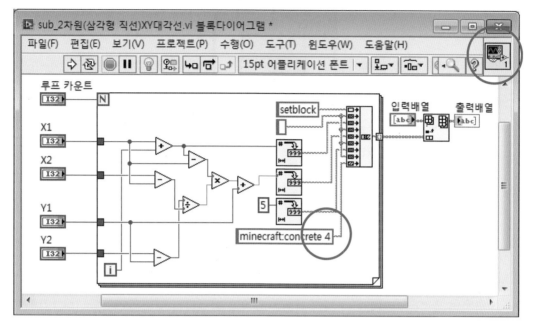

이것 또한 기존과 똑같이 파일을 복제하여 'sub_2차원(삼각형 직선)XY대각선.vi'로 만드는 것부터 시작합니다. 파일 이름에 대각선이라는 문구가 인상적이죠? 수직선, 수평선과 달리 이 대각선은 노란색으로 지정되어 있습니다. 방정식을 제외하고는 위 그림의 빨간색 원으로 표시한 것처럼 2가지만 다르죠. 그럼 방정식만 보면 되겠군요! 아래 그림을 차분히 보고 만들어 보세요.

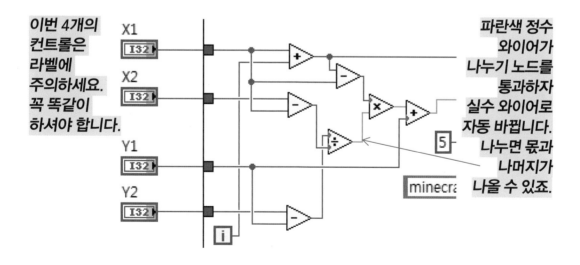

아래 그림이 프런트패널입니다. 라벨에 주의해서 터미널 프로퍼티를 설정해주세요.

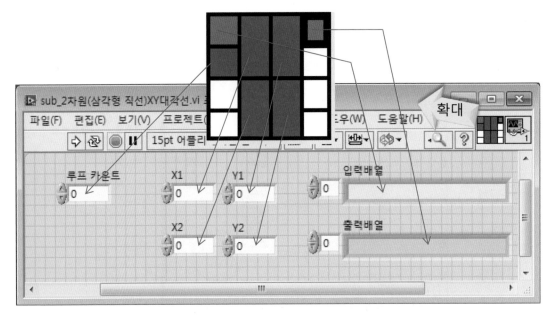

기존의 터미널 설정을 확인하거나 지금 작업한 내용을 확인하는 방법은 간단합니다. 터미널의 각각을 클릭하면 프런트패널의 해당 객체가 점선으로 표시되죠.

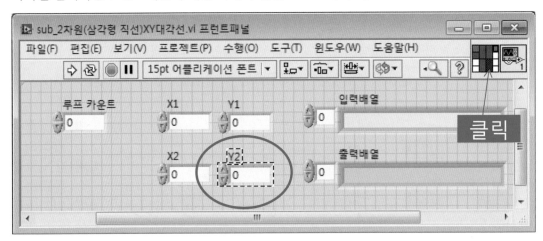

이렇게 확인까지 진행되셨다면 이번엔 서브(sub) 프로그램이 아닌 메인(Main) 프로그램을 코딩할 차례입니다. 사실 복잡한 프로그램에는 최상위 메인 프로그램 파일 하나에 수많은 서브 프로그램 파일들이 존재합니다. 함수의 형태로 파일들이 몇 십 개에서 몇 백 개로 연결이 되어 있죠. 랩뷰는 한눈에 이것을 볼 수 있는 기능이 있는데 후반부에서 살펴보겠습니다.

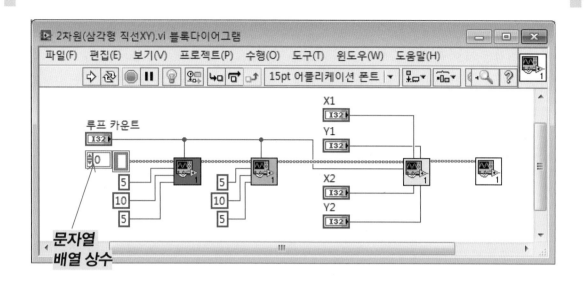

메인 프로그램 파일의 이름은 '2차원(삼각형 직선XY).vi'로 정했습니다. 이와 같은 이름으로 새 파일을 만들어주세요. 그리고 위 그림과 같이 코딩하시면 됩니다. 가장 먼저 블록다이어그램 바탕화면에 우클릭하여 〈도구 팔레트〉를 열고 〈VI 선택…〉을 하신 후 팝업창에서 아래 4개의 파일을 불러오세요.

그리고 해당되는 위치에 나열하고 와이어링하신 후 상수와 컨트롤을 생성해주시면 됩니다. 여기서 하나 새로운 것은 '문자열 배열 상수'입니다. 배열 연산에 필요한 초기 배열을 설정해주기 위해 사용되었으며 문자열 상수로 이루어진 배열을 사용할 것이라는 설정 이외엔 아무런 기능이나 데이터가 없습니다.

만드는 방법은 'sub_2차원(삼각형 직선)X축과 평행한 직선'이라는 빨간색 함수의 해당되는 터미널에 우클릭한 후 〈생성〉, 〈상수〉하시면 됩니다.

sub_2차원(삼각형 직선)X축과 평행한 직선.vi

sub_2차원(삼각형 직선)Y축과 평행한 직선.vi

sub_2차원(삼각형 직선)XY대각선.vi

sub_2차원 직선.vi

해당 터미널

상수값들 (5, 10, 5)를 정확히 입력하신 후 아래와 같이 프런트패널에 컨트롤 데이터를 입력합니다. 여기서 왜 어떤 것들은 상수로 하고 어떤 것들은 컨트롤로 했는지 궁금하실 것 같군요. 일단 아래의 프런트 패널을 입력 완료 후 실행한 다음 마인크래프트에서 삼각형을 확인하시기 바랍니다.

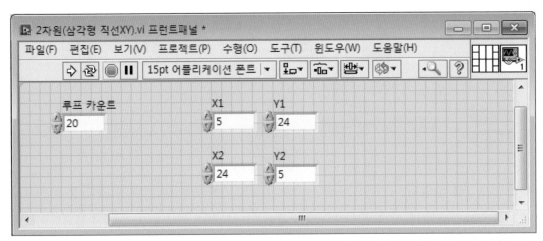

저와 같은 삼각형이 그려졌겠죠? 그럼 상수와 컨트롤들을 나눈 이유를 설명하고 수정을 해보겠습니다. 나눈 이유는 사실 한번에 너무 많이 진행하지 않으려는 노력의 결과입니다. 새로운 기능을 조금씩 추가하여 수학적인 생각과 프로그램 구조에 집중할 수 있도록 말이죠. 그래서 다음 차례는 아래와 같이 수정하기입니다.

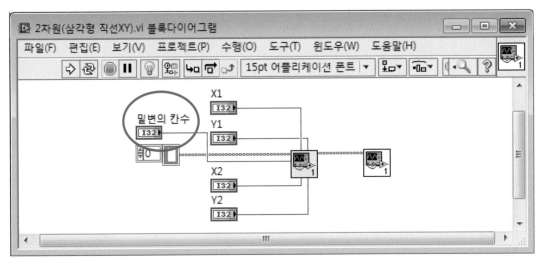

상수들이 있던 함수들을 삭제하고 '루프 카운트'를 '밑변의 칸수'로 바꿨습니다.

이렇게 변경한 이유는 몇 개의 대각선을 더 그려서 삼각형을 더 만들기 위함 입니다. 100% 랩뷰 프로그래밍 책이 아니다 보니 생각할 것들, 볼 것들을 몇 개 만들려는 거죠. 추가된 직선으로 그려진 삼각형들은 아래와 같습니다.

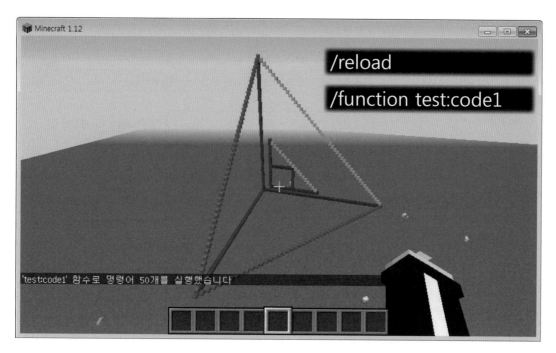

각도를 바꿔서 바라보겠습니다.

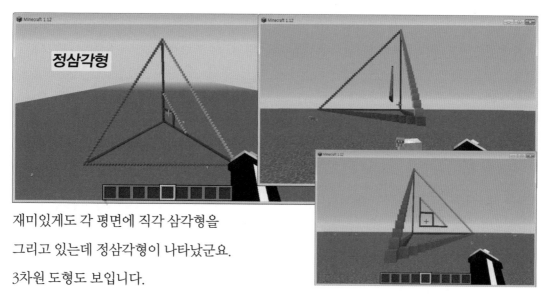

재미있게도 각 평면에 직각 삼각형을
그리고 있는데 정삼각형이 나타났군요.
3차원 도형도 보입니다.

이렇게 그리기 위해서는 프로그램을 수정해줘야 합니다. 다음과 같이 3종류, 총 6개의 파일을 수정해주세요. 제 예상으로는 여기까지만 힘들 듯합니다.

[1-1] 'sub_2차원(삼각형 직선)XY대각선.vi'파일을 아래와 같이 수정합니다.

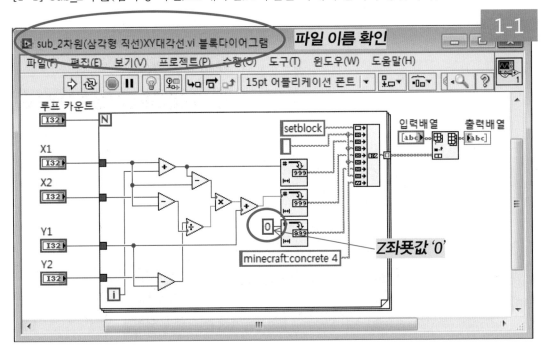

[1-2] 위 [1]번 작업으로 수정된 파일을 아래와 같이 사용합니다. 모든 프로그램은 기존에 코딩된 상태를 기본으로 하며 좌표축의 변화와 설정값만 다릅니다.

그리고 변수명을 주의하세요. [1]번의 'X1'을 [2]번의 'X1'에 연결하세요.

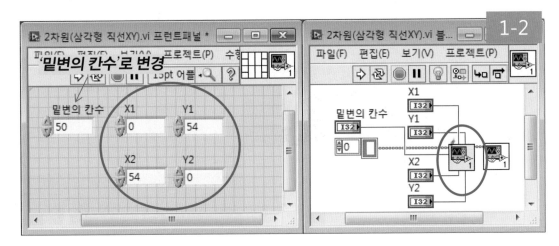

[2-1] 'sub_2차원(삼각형 직선)XZ대각선.vi'는 아래와 같이 준비합니다.

X, Z축과 달리 마인크래프트 환경의 영향으로 Y축의 원점만 '5'로 지정한 것 기억하시죠?

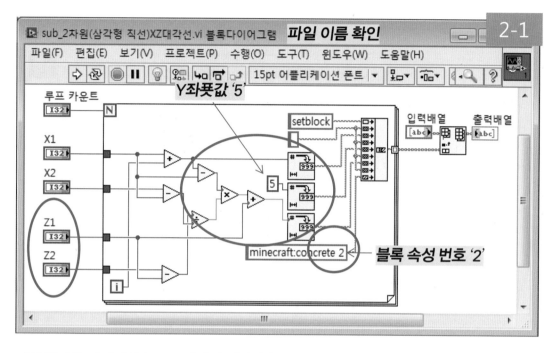

이외 특이한 변경사항은 X-Z 평면에 대각선을 그리는 프로그램이므로 빨간색과 파란색을 섞은 '다홍색'이 적용되었으며 블록 속성 상수와 아이콘이 변경되었습니다. [2-2] 변수명과 설정값은 아래와 같이 수정하세요.

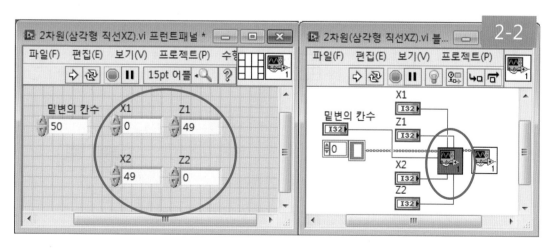

[3-1] 'sub_2차원(삼각형 직선)YZ대각선.vi'는 아래와 같이 준비합니다.

앞에 것들과 비슷합니다. 역시나 변수 역할의 컨트롤 이름에 주의하세요. 하나만 실수해도 완전히 다른 결과가 나오니까요.

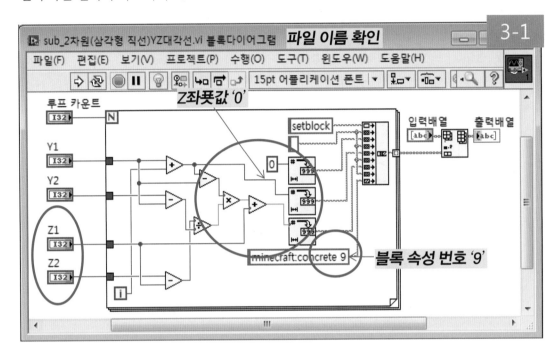

이외 특이한 변경사항은 역시나 Y-Z 평면에 대각선을 그리는 프로그램이므로 녹색과 파란색을 섞은 '청록색'이 적용되었으며 블록 속성 상수와 아이콘이 변경되었습니다. [3-2] 변수명과 설정값은 아래와 같이 수정하세요.

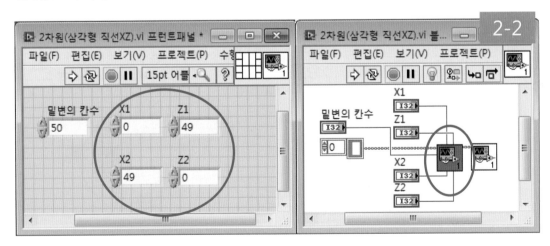

이왕 그려본 사각형과 삼각형인데 한발 더 나아가서 마인크래프트 유저와의 놀이를 조금 해보겠습니다. '이지서버 마스터'라는 별명을 가진 레드스톤 회로를 좋아하는 초등학교 2학년 이지섭 어린이가 사각형 내부를 유광 점토 테라코타 블록으로 채워보겠습니다. 채워진 블록의 수는 64개(8X8)라는군요. 그럼 사각형을 둘러싼 삼각형의 나머지 부분은 몇 개의 블록으로 채워질까요? 만약 초등학생인데 여기까지 읽으셨다면 한번 생각해보시고 예제를 직접 만들며 진행하셨다면 직접 블록을 채워 확인해보시는 것도 재미있을 것 같습니다.

왜냐하면 지금 그린 삼각형은 한 변의 칸수가 20칸인 사각형을 반으로 나눈 상태이고 안에 있는 작은 사각형은 한 변의 칸수가 10칸이니까요. 이것은 놀랍게도 글로만 수학을 배운 어른들의 생각과 다른 결과가 나올 수도 있습니다. 그건 마인크래프트 블록이 너무 커서 그렇다고요? 블록을 얼마나 작게 하면 생각하는 결과가 나올까요? 분자, 원자의 세계까지 간다 한들 달라지지 않습니다.

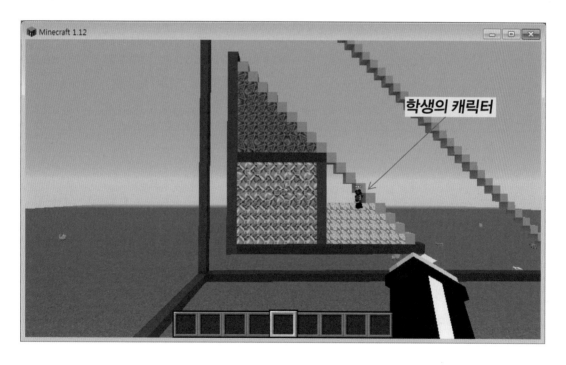

지금까지의 대각선은 모두 45도의 기울기였습니다. 수평선의 칸수와 수직선의 칸수가 같으며 두 칸수의 비율(수직칸수:수평칸수)에 따라 기울기 값은 '1'이죠.

다른 각도의 직선도 해보면 좋겠지만 그건 여러분들에게 양보(?)하겠습니다. 참고로 2개의 점에 해당하는 좌푯값을 수정하면 자동으로 그려줍니다. 대신 앞서 간단히 설명한 것처럼 완전한 수직선은 이 방정식으로 해결이 안 됩니다. 왜 그런지 직선의 방정식에 대해 조금이라도 정리해보고 넘어가겠습니다.

재미있는 궁금증에 대해 먼저 말씀 드리죠. 직선의 방정식을 만든 사람은 누구일까요? 물론 그 누구도 모릅니다. 왜냐하면 지금의 인류 역사 초기 또는 그 이전부터 전해진 수학이니까요. 이 얘기는 '이 책의 이런저런 수학과 프로그래밍 정보는 어디서 가져오셨나요?', '출처를 알려주세요' 등의 이야기는 아무런 의미 없는 질문이라는 겁니다. 수학은 우리 인류 전체의 것이며 누구나 자유롭게 사용할 수 있습니다. 코딩 방식 또한 당신이 하고 싶은 방법으로 만들면 됩니다. 더욱이 수학과 코딩은 각자의 생각에서 나오는 겁니다. 저의 생각으로 이러한 예제를 만들었다고 여러분도 꼭 이렇게 하라는 법은 없습니다. 프로그램 사용법을 익히기 위해 한번 따라 하신 후 여러분들만의 방법을 생각해보세요.

기존에 보여드린 직선의 방정식은 아래와 같습니다. Y값을 얻기 위한 계산식이기에 왼쪽(좌변)에 있는 Y1을 오른쪽으로 옮기고 시작하겠습니다.

$$y - y_1 = \frac{y_2 - y_1}{x_2 - x_1}(x - x_1) \quad \Longrightarrow \quad y = \frac{y_2 - y_1}{x_2 - x_1}(x - x_1) + y_1$$

직선이라 함은 두 점을 잇는 가장 짧은 경로입니다. 그 경로들의 좌표를 방정식으로 만든 것이죠. 함수라고 생각해도 좋습니다. 어떠한 입력 데이터를 정해진 계산 방식으로 계산한 후 결과값을 알려주니까요.

이것은 크게 두 가지의 요소로 정의 내릴 수 있습니다. 하나는 '기울기', 다른 하나는 '옵셋'(offset, 편차라고도 함)입니다.

이 두 요소를 생각한다면 당연한 것입니다. 아래 그림을 보면서 생각해보죠.

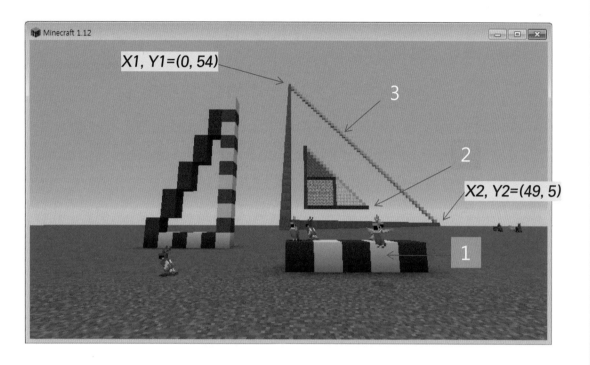

[1] 앞쪽에 앵무새들이 앉아있는 5개의 블록은 X축 방향으로 누워 있는 직선입니다(직선으로 봐주세요). 수평으로 '+5'칸이고 수직은 '+0'칸입니다. 따라서 이것은 '0 나누기(÷) 5'가 됩니다. 답은 '0'이 되며 기울기는 '0'인 직선이라고 말합니다.

[2] 옵셋이 '+5'라면 그만큼 들떠 있는 것이죠. [1]번 직선을 기준선으로 하여 Y축 방향으로 5 블록 높게 있는 상태라고 생각하시면 됩니다. 우리가 사각형을 그렸을 때 아래쪽 수평선이 이에 해당되죠.

[3] 기울기는 두 점을 이용해 쉽게 계산할 수 있는데 2개의 좌표축에 해당되는 좌푯값의 차이를 비율로 계산하면 됩니다. 노란색 긴 대각선을 예를 들면, 이 대각선의 한 점(X1, Y1)의 좌표는 (0, 54)이며 다른 한 점(X2, Y2)은 (49, 5)입니다. 앞선 프로그램의 결과이니 당연하겠지만 확인을 원하신다면 직접 블록에 가서 좌표를 확인하셔도 좋습니다. 플레이어의 위치 좌표를 보는 법[F3]은 앞서 설명 드렸습니다.

공식도 함께 보면서 진행하겠습니다.

$$y = \frac{y_2 - y_1}{x_2 - x_1}(x - x_1) + y_1$$

기울기 = -1

Y 옵셋 = 54

X 옵셋 = 0

수평선의 블록 수는 'X2(49) 빼기(-) X1(0)'이므로 49칸입니다. 수직선의 블록 수는 'Y2(5) 빼기(-) Y1(54)'이므로 -49칸입니다. 블록을 단순히 세어보면 49칸이지만 연산을 하면 마이너스(-) 49입니다. 이것으로 대각선이 수직선 기준으로 오른쪽으로 기울었는지 왼쪽으로 기울었는지 자동 계산이 되는 거죠. 그리고 위 방정식에서처럼 Y2-Y1(-49) 나누기 X2-X1(49)는 '마이너스 1'이 됩니다. 앞선 설명에선 마이너스(-)를 생략했었는데 그땐 비율 개념만 설명한 것이죠.

마지막으로 X축 방향으로도 옵셋이 있을 수 있습니다. 이것을 확인하기 위해 아래와 같이 새로운 삼각형을 하나 더 만들어 두었습니다.

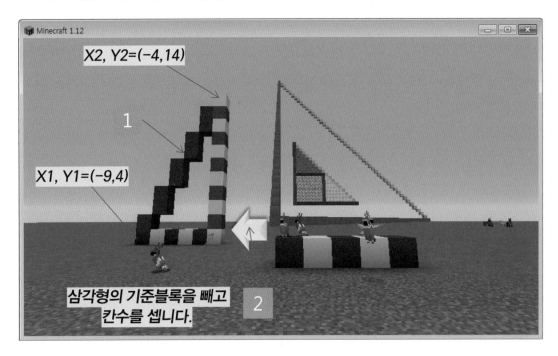

[1] 이번 대각선은 오른쪽으로 기울어져 있습니다.

기울기를 계산해보면 (14-4)÷(-4-(-9))=10÷5=2입니다. 수평선의 블록 칸수보다 수직선의 블록 칸수가 2배 많다는 거죠. 기준블록을 빼고 세어보니 수평은 5칸, 수직은 10칸이 맞습니다. 그리고 우리의 세계가 4칸 올라와 있으니 Y축 옵셋 값은 Y1(4)입니다.

[2] X축의 옵셋 값은 X1(-9)입니다. 공식을 마지막으로 확인해보시죠.

$$\underset{\text{기울기 = 2}}{y=\boxed{\frac{y_2-y_1}{x_2-x_1}}}(x-x_1)+y_1 \quad \begin{array}{l}\text{Y 옵셋 = 4}\\ \text{X 옵셋 = -9}\end{array}$$

이렇게 직선의 방정식까지 살펴보았습니다. 물론 모든 상황에서 이 방정식이 유효한 것은 아닙니다. 당연히 2차원에서만 가능하고 수직선이 아니어야만 합니다. 수직이면 수학의 입장에선 기울기가 무한대로 계산되고 프로그래밍 입장에선 X축 변수를 변화시킬 수 없기 때문이죠. 그래서 사각형 그리기에서 수직선들을 그렇게 프로그래밍을 했던 것입니다.

기쁜 소식이 있습니다. 눈치채셨겠지만 프로그램이나 수학 공식이나 처음엔 조금 과할 정도로 쉬운 용어와 방법으로 구성하였지만 조금씩 앞서 설명된 것을 뒤에서는 생략하거나 일반적인 용어 등으로 표현하고 있습니다. 앞으로의 설명이 점점 더 간소화된다는 뜻이죠. 제가 더 기뻐해서 미안합니다.

c-3. {{원}}

마음 같아서는 바로 우주로 날아가고 싶은데 예제의 진행이 조금 느리군요. 하지만 이런 조바심이 고전 수학이라는 이름으로 우리를 후퇴시킨 거 아시나요? 사실 후퇴라고 하기는 무리가 있죠. 컴퓨터가 없던 시절이었기에 수도 없이 많은 계산을 일일이 하기 힘들어 간소화하고 단순화시키고 상상력으로 대체를 했습니다.

현실 세계의 시간 개념과 너무 다른 꿈 같은 수학을 하게 된 것이죠. 미적분학 같은 여러 분야에서 타임도메인(Time Domain)을 임의로 변형시켜 길고 긴 시간과 수많은 계산을 단번에 처리하는 방식으로 성장한 고전 수학은 컴퓨터의 등장 이후 다시 재계산되고 다시 정립되는 시간 낭비를 하고 말았죠. 고전 수학에 대한 부정적인 인식은 자칫 많은 수학적 요소들을 부정하는 실수를 하게 합니다. 예를 들어 삼각함수 같은 것들이죠. 하지만 오해 마세요. 앞에서도 말했듯이 고전 수학은 기존의 수학을 마치 자기들이 만들어 낸 듯 자신들만의 상상 속 계산 방식으로 재포장했을 뿐입니다. 고전 수학으로 재포장되어 고전 수학인 듯 배워온 많은 수학들을 오해하고 멀리하지 마세요.

이 말을 한 이유는 이번에 그려볼 것이 '원(circle)'이기 때문입니다. 평면상에서 '원'이나 '호(arc)'를 그리는 가장 쉬운 방법은 삼각함수를 이용하는 것이죠. 고등학교에서 배우는 삼각함수는 의외로 수학공부의 초기에 배워야 할 것들 중 하나입니다. 왜냐하면 각도에 대해 명확한 정의를 내릴 수 있게 되기 때문입니다. "각도기는 초등학교 때 배우는데요?"라는 의문이 생기나요? 우린 자칫 우리의 생각이 얼마나 위대한지 모르고 살죠. 사람이 각도를 재거나 수많은 고급 연산을 별 어려움 없이 처리하고 직관적이거나 감성적으로 표현하는 것은 정말 말로 표현 못할 만큼 놀라운 일입니다. 예를 들어 흐린 날 자동차 운전을 하다 빙판길을 보고 속도를 줄이거나 피해가는 행동이 당연한 것으로 생각되시죠? 하지만 프로그래밍을 하는 수억 명 또는 그 이상의 인류는 아직도 이것을 명확히 정의 내리고 정확히 흉내 내지 못하고 있죠. 이것은 어쩌면 사람의 생각은 어떻게 생겨나서 어떻게 처리되는지도 모르기 때문에 당연할 수 있습니다. 이처럼 우리가 각도기나 자로 무엇을 측정하는 것은 사람의 생각이 주변의 모든 것들을 다 알아서 판단해주기에 가능한 것이며 논리적으로 정확히 정의를 내리기 위해서는 아주 많은 부분에 대해 생각을 해야 합니다. 그리고 그 생각하는 과정이나 결과가 수학인 것이죠. 그 수학의 현대적인 모습이 컴퓨터 프로그래밍이고요.

첫 번째 그려볼 원은 아래와 같습니다.

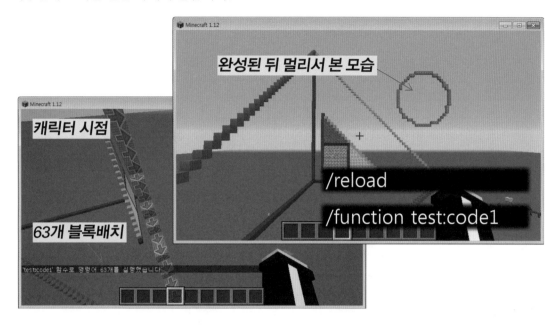

원점은 플레이어의 현재 위치(상대좌표 이용)이며 반지름이 '10'인 매우 단순한 원이죠. 이렇게 단순한 원부터 그린 이유는 어떤 독자분은 처음 배울 수도 있는 삼각함수를 조금 더 이해하고 넘어가는 것이 좋다고 판단해서입니다. '2차원(원XY)1.vi'로 파일 이름을 정한 프로그램은 아래와 같습니다.

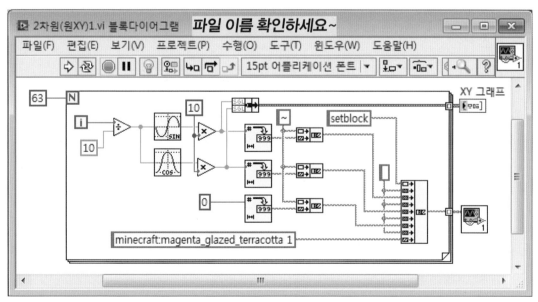

프로그램 코딩방법은 '삼각함수'와 '클러스터', 'XY 그래프', '상대좌표 표시(~)'만 설명 드리면 되겠군요. 첫 번째 삼각함수의 코딩을 시작하겠습니다.

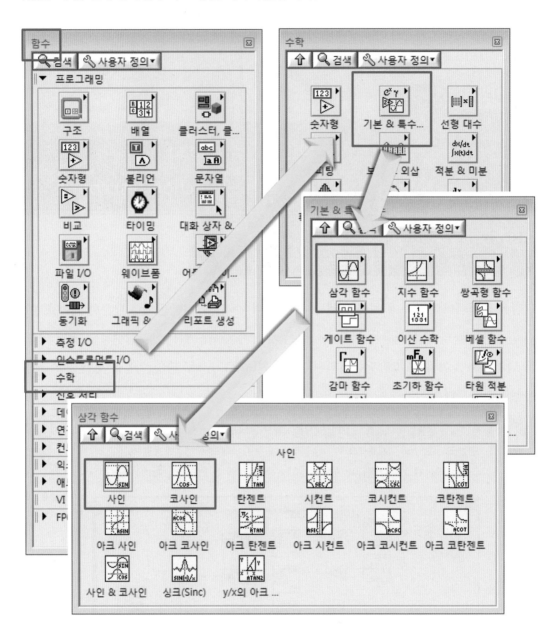

함수의 위치가 조금 안쪽에 있어서 위 그림처럼 배치해봤습니다. 간단히 요약하면 〈함수 팔레트〉, 〈수학〉, 〈기본 & 특수함수〉, 〈삼각 함수〉, 〈사인〉이죠.

함수의 위치에 대한 그림 설명은 여기가 끝입니다. 제가 초등학생부터 대학생, 직장인, 국가 기관 연구원 등등을 가르쳐본 결과 아무리 랩뷰를 처음 접하더라도 이 정도 경험하면 위치 요약만으로도 찾을 수 있더군요. 아마도 이 책을 읽고 계신 대부분의 독자분들은 이미 너무 과한 설명이라고 생각하고 계셨을 겁니다. 선택한 '사인(sin)'과 '코사인(cos)' 함수를 블록다이어그램에 배치합니다.

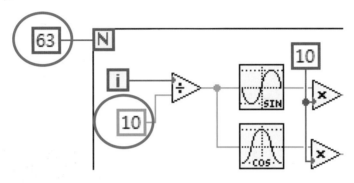

그리고 위와 같이 코딩해주세요. 사인과 코사인 함수는 입력 값의 변화에 따라 '-1'에서 '1' 사이의 '실수(float)'값을 출력합니다. 이것을 우리는 '라디안(radian)'이라고 말하죠. 일반적으로 각도(angle)는 360도를 기준으로 하는데 라디안은 다릅니다. 라디안과 각도는 상호 변환이 가능하며 단지 이론적인 측면에서 라디안이 기본이 됩니다. 여기서 중요한 것은 삼각함수를 이해하는 것인데 추가 설명이 필요하겠군요.

아래와 같이 새로운 랩뷰 파일에 코딩해주세요. 여러분이 처음 접하는 것은 '웨이브폼 그래프(Graph)'뿐이죠.

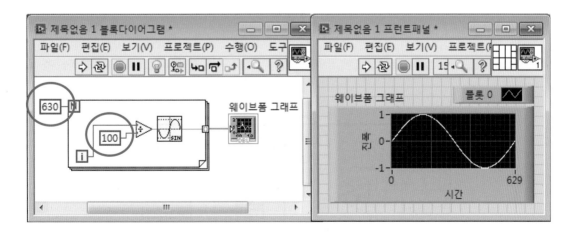

그래프는 프런트패널에 배치됩니다. 프런트패널에서 〈컨트롤 팔레트〉, 〈그래프〉, 〈웨이브폼 그래프〉를 선택하여 배치해주세요. 'for 루프'의 '루프 카운트'는 '630'을 입력했습니다. 이것은 '사인' 파형의 완전한 모습을 볼 수 있는 횟수입니다. 이것을 줄이거나 늘려서 그래프의 변화를 살펴보세요.

'코사인'의 파형은 동일한 프로그램에서 '사인'함수만 '코사인'함수로 바꿔주시면 됩니다. 그래프는 아래와 같이 바뀌죠.

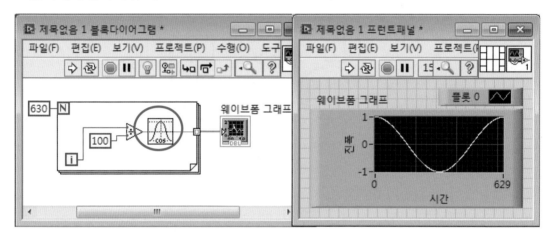

다시 원래 프로그램으로 돌아가겠습니다. '루트 카운트'가 '63'이며 '루프 반복횟수'를 '10'으로 나눠줬다는 것이 다른 점입니다. 이것은 랩뷰의 그래프는 정교한 그래프를 그리지만 마인크래프트의 블록은 상대적으로 매우 크기 때문에 너무 정교한 좌표들을 만들 필요가 없기 때문입니다. 이 부분은 다음에 나올 'XY 그래프'를 보고 재확인하겠습니다.

다음은 '클러스터(Cluster)'를 보겠습니다. 클러스터는 배열과 유사하지만 서로 다른 속성의 데이터들을 묶는다는 것이 다른 점입니다. 종종 '융합'이라는 용어와 함께 사용되죠. 위치는 〈함수 팔레트〉, 〈클러스터, 클래스&배리언트〉, 〈묶기〉입니다. '사인'과 '코사인'의 결과값을 묶어서 'XY 그래프'에 보내주죠.

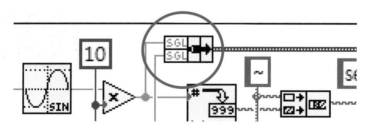

'XY 그래프'를 살펴볼 순서인데 이미 유사한 '웨이브폼 그래프'를 사용해봤습니다. 두 가지의 그래프가 다른 점은 앞에 것은 두 축이 모두 입력된 데이터에 의해 좌푯값을 인식한다는 것이고 다음 것은 X축을 자동으로 처리한다는 점입니다. 그래서 'XY 그래프'는 두 종류의 데이터를 입력해줘야 하죠. 그 결과 아래와 같은 그래프를 그릴 수 있습니다.

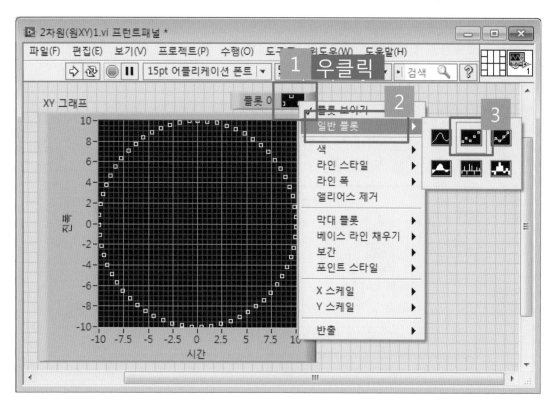

또한 그림처럼 '플롯(Plot)'의 모양도 변경할 수 있죠. 그래프상에 있는 작은 사각 플롯의 개수가 63개 이니 마인크래프트상에서도 저런 간격으로 블록을 배치할 것입니다. 하지만 블록의 크기 차이는 고려해서 비교하세요. 마지막으로 코딩할 것은 상대좌표(~)입니다. 결과 커맨드는 아래와 같죠.

이것을 위해 오른쪽과 같이 문자열 '문자열 연결'
노드를 추가합니다. 이 노드는 이미 사용중인 것입니다.
그래도 위치를 한번 더 확인해볼까요? 〈함수 팔레트〉,

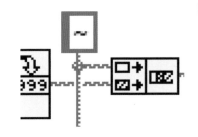

〈문자열〉, 〈문자열 연결〉입니다. 연결 순서에 주의
하시면 별 문제는 없겠네요. 이제 조금 다른 형태의 원들을 그려보겠습니다. 아래처럼 수정한
후 표시한 변수들을 바꿔가며 실행해보세요. 수정한 부분은 빨간 원 안에 있는 '코사인' 출력
부분의 상수만 추가했습니다.

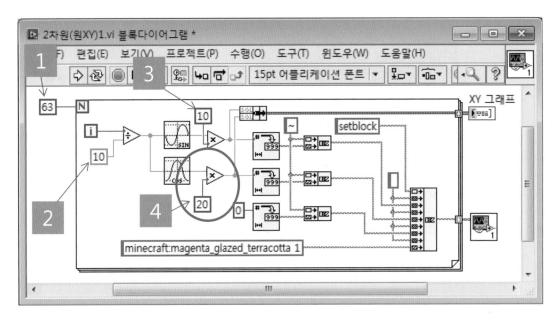

일단 [3]번과 [4]번을 '10'과 '20'으로 그려보고 또 '20'과 '10'으로 바꿔서 그려봅니다. '타원
(Ellipse)'이죠. 둘 모두
'20'으로 수정해보기도 합니다.
결과는 오른쪽 그림과 같죠.
만약 블록들이 붙어있길 바란다면
[1]번을 '630', [2]번을 '100'으로
바꿔 보세요. 훨씬 더 큰 원도 잘
그려질 것입니다.

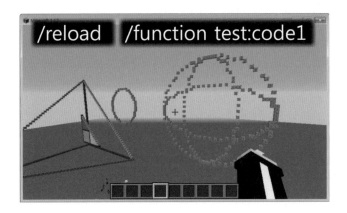

지금까지 X-Y 평면을 기준으로 그려보았습니다. 이번엔 아래와 같이 수정해서 다른 평면을 기준으로 그려보겠습니다. 수정 코드는 빨간 원을 봐주세요.

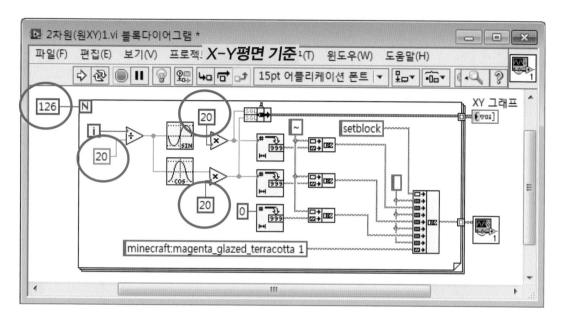

위의 랩뷰 프로그램을 실행한 후 마인크래프트상에서 '함수 새로 고침'과 '함수 실행'을 하신 후 아래와 같이 파일을 추가(다른 이름으로 저장)하여 X-Z평면을 기준으로 원을 또 한번 그립니다.

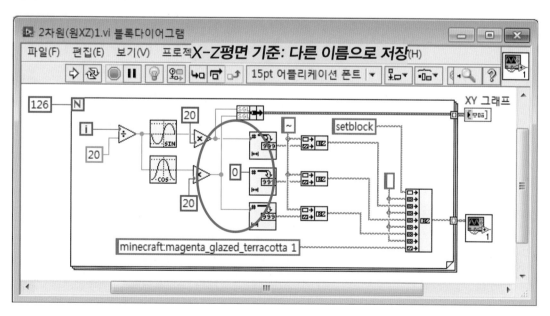

이번에도 마인크래프트에서 원을 그린 다음 아래와 같이 Y-Z평면 기준으로 수정합니다. 그림과 같은 원의 모양을 보기 위해서는 움직이지 말아야 합니다.

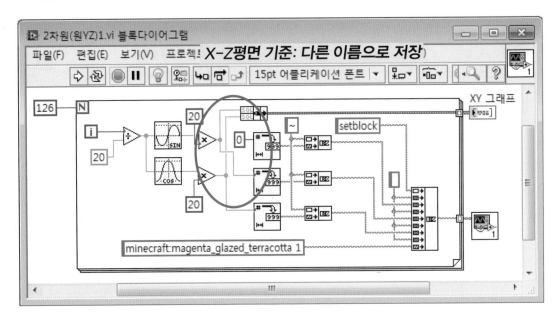

결과 그림은 아래와 같습니다. 둘러보니 '구(sphere)'의 윤곽이 보이네요.

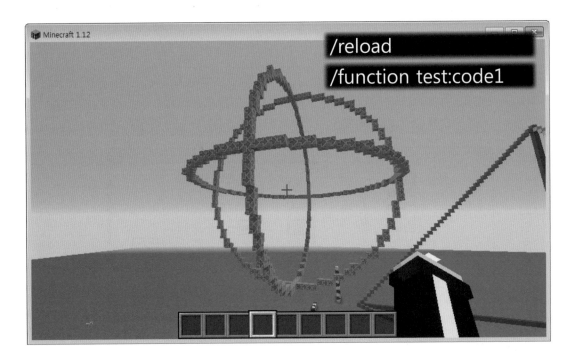

원 그리기는 이것으로 끝났습니다. 결과 그림이 3차원처럼 보이더라도 이것은 분명 2차원의 결과물입니다. 2차원의 방식으로 완전한 구를 만들 수 있을까요? 한번 도전해보시겠습니까? 시간적으로 정말 여유로울 때 시도해보는 것도 나쁘지 않을 것입니다. 왜냐하면 앞으로 다룰 3차원을 이해하고 좋아하게 될 동기를 제공해줄 테니까요.

d. {3차원 도형 만들기}

꿈에 그리던 3차원의 세계에 도착했습니다. 앞서 말했던 것처럼 이 우주의 기본이죠. 아무리 넓은 우주공간을 가더라도 3차원이고 아무리 작은 원자 아래 '쿼크(Quark)'의 세계를 가더라도 3차원입니다. 3차원에 대한 인식이 중요하며 충분히 인지해야만 이 세상의 무엇이든 이해할 수 있습니다. 소프트웨어 분야도 그러합니다. 어쩌면 마인크래프트를 한다는 것은 정말 좋은 교육이며 꼭 코딩을 하지 않고 단순 플레이나 건축만 하더라도 그 효과는 상상 이상일 것입니다.

물론 어린 시절의 이야기죠. 여기서 하나 의문이 드는군요. "그럼 지금의 어른들은 공간에 대한 이해 능력이 없겠네?", "공간 지각 능력 등은 마인크래프트가 없던 시절엔 어떻게 생긴 거지?" 그렇죠. 마인크래프트가 일반인들에게 보급된 건 2009년부터이니 의구심이 생길 만합니다. 여기서 당연한 사실을 하나 알려드리죠. 공간에 대한 지각 능력은 육체적인 활동으로 더 쉽게 발달합니다. 신체 활동이야말로 최고의 방법이죠. 하지만 내 몸으로 느끼는 크기 내에서만 효과적이죠. 이것의 범위를 넓히는 최고의 방법은 여행입니다. 또한 이것을 구체적이고 논리적으로 키우는 방법은 지도와 나침반 등을 활용하는 여행입니다. 아무 생각 없이 따라다니거나 앞만 보고 걷는 여행은 큰 도움이 안 되죠. 그리고 작은 범위 내에서 가장 효과적인 신체활동은 농구인 것 같습니다. 이건 제 개인적인 생각이지만 농구선수들이 똑똑하다고들 하니 맞는 것 같군요. 물론 운동하느라 지식은 부족할 수 있겠지만 지능, 지혜와는 다르니까요. 그러니 여러분들은 지금이라도 이 책을 잠시 덮어놓고 여행을 떠나거나 운동을 하고 오시기 바랍니다.

중간 중간 쉬기도 할 겸 잡담(?)을 하고 있지만 이 아저씨(저자)의 살아있는 노하우일 수도 있으니 너무 가볍게 보지는 말아주세요.

3차원 도형은 3종류만 만들겠습니다. 왜냐하면 2차원에서 '사다리꼴', '마름모', '역삼각형' 등이 생략되었던 것처럼 기본 도형만 다루면 나머지는 부수적으로 생각할 수 있는 것들이니까요. 첫 번째는 {{육면체}}, 두 번째는 {{나선}}, 세 번째는 {{구}}입니다. '구'는 공 모양을 말하죠. 이 모양은 또 지구의 모양입니다. 따라서 '구'가 도형의 끝이면서 이것부터 새로운 이야기가 시작될 것입니다.

d-1. {{육면체}}

'육면체(Hexahedron)'를 하는 이유는 사실 '구'를 위해서이며 마인크래프트에서 'fill'이라는 커맨드로 쉽게 구현할 수도 있습니다. 우리 함께 랩뷰 프로그래밍을 하기 전에 마인크래프트 커맨드를 한번 살펴볼까요?

아래와 같이 'tnt'블록으로 이루어진 '정육면체(cube)'를 만들어보겠습니다.

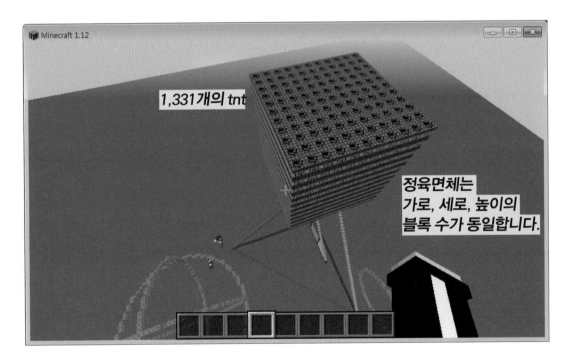

마인크래프트 채팅 창에 아래의 커맨드를 실행하세요. 띄어쓰기는 정말 중요합니다. 띄어쓰기를 쉽게 구분하시도록 충분히 넓혀 놓겠습니다. 여러분들은 한 칸씩만 띄우세요.

```
/fill  25  98  26  15  88  16  minecraft:tnt  1
```

이 커맨드는 보셨다시피 tnt 블록으로 이루어진 정육면체를 단숨에 만들어 줍니다. 이것의 문법은 3차원상에 2개의 점을 지정하고 그렇게 지정된 공간을 지정한 블록(tnt)으로 채우는 구조이죠. 여기서 2개의 점이라 함은 3차원 좌푯값을 말합니다. 첫 번째 X1, Y1, Z1의 좌푯값은 (25, 98, 26)이며 두 번째 X2, Y2, Z2의 좌푯값은 (15, 88, 16)입니다. 이제 이 덩어리의 윗부분으로 다가가 터치(클릭)해보세요.

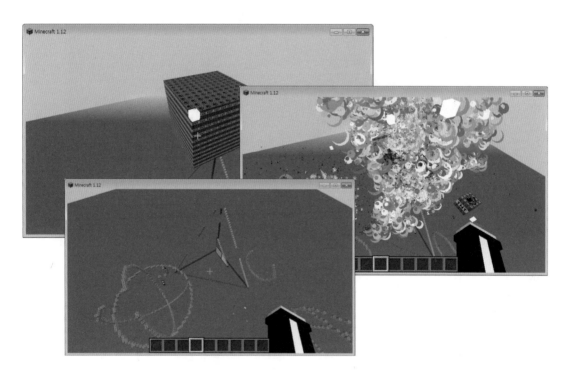

여러분의 세계도 저처럼 파괴되었나요? 그렇다면 정확히 진행하신 겁니다. 이제 3차원 프로그램으로 새로운 세계를 재건해봅시다(아저씨의 장난이 아닙니다. 책을 던지지 마시고 계속 따라 해주세요).

2차원의 사각형처럼 3차원의 육면체도 2개의 좌푯값만으로 정의 내려집니다. 계속 반복되는 말인데, 이것은 3차원이 기본이고 이것을 쉽게 설명하기 위해 1개의 좌표축을 생략해서 2차원을 굳이 만들어 냈기 때문에 너무나 당연한 것이지요. 지금 만들려고 하는 도형의 결과물과 프로그램은 아래와 같습니다.

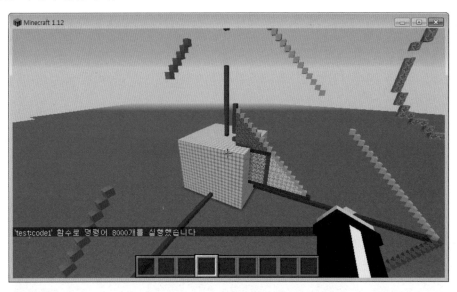

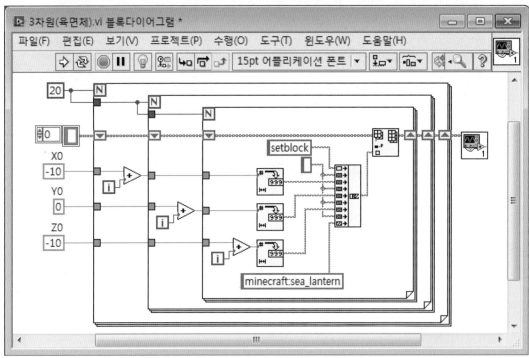

이번 프로그램에서는 '시프트 레지스터'의 코딩방법만 알려드리면 되겠군요.

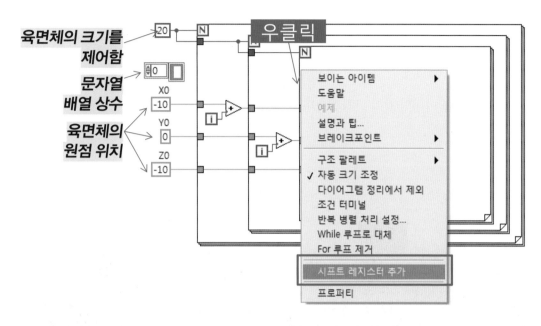

'for 루프'의 테두리에 마우스 우클릭을 하여 〈시프트 레지스터 추가〉를 합니다. 그러면 아래와 같이 'for 루프'의 양변에 해당 노드가 생성되죠.

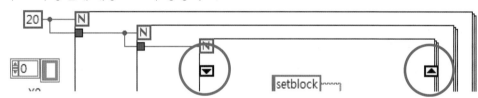

이와 같은 방법으로 나머지 밖에 있는 'for 루프'에도 추가해줍니다.

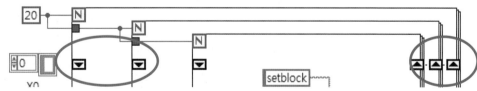

마지막으로 '배열에 삽입'함수와 앞서 만들어둔 저장하는 기능을 하는 'sub_마인크래프트.vi'를 배치하고 아래와 같이 와이어링을 해줍니다.

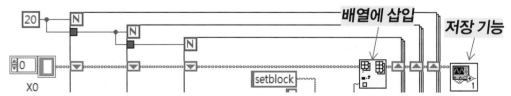

'시프트 레지스터'는 데이터를 전달해주는 기능을 합니다. 지금처럼 'for 루프'를 빠져나와도 그 안에서 와이어로 전달 받은 데이터를 그대로 유지하고 있죠. 이것은 간단히 설명하는 것도 부족하고 길게 설명하기에도 애매합니다. 여러분은 이번 예제를 수정해가면서 연습을 조금 더 해보세요.

다음은 육면체를 아래와 같이 만들겠습니다. 모두 3개의 좌표축 방향으로 기다란 육면체이죠.

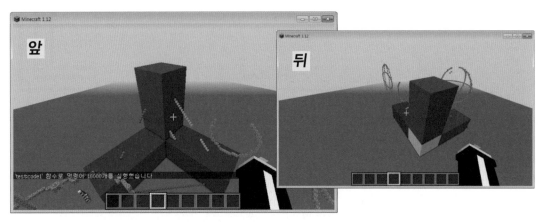

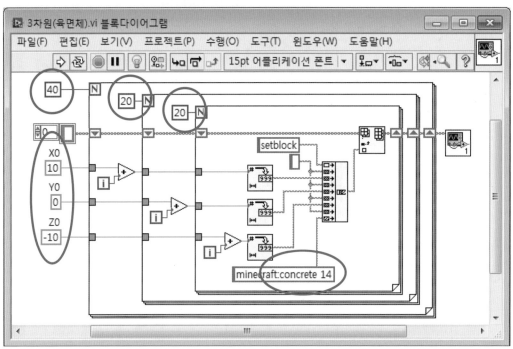

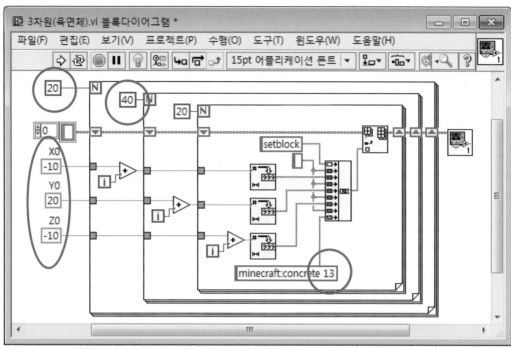

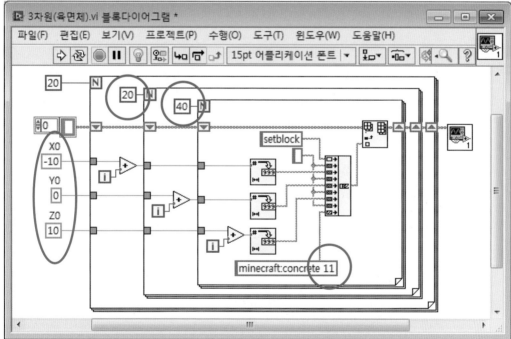

3개의 프로그램을 빨간색 원으로 표시한 부분을 수정해서 각각 실행하셔야 합니다. 이번 예제는 너무 쉽지만 작고 파괴된 기준 좌표축을 복구한다는 의미가 있죠.

d-2. {{나선}}

'나선(helix)'은 '나사선', '소용돌이선', '스파이럴(Spiral)'이라고도 합니다. 스파이럴은 2차원 평면에서 도는 것을 말하는 것이니 여기선 빼야겠습니다. 그냥 빼고 쓰면 되는 것을 굳이 쓰고, 빼고 하는 이유가 뭘까요? 혹시 '나선형 은하'라고 아시나요? 우리 은하도 이것에 해당되죠. 이것의 초기 영문 이름이 '스파이럴 은하(Spiral galaxy)'였습니다. 은하 모양에 대한 개념을 잡던 시절은 '고전 수학자'들이 중요 업무를 많이 보던 시절이었죠. 한마디로 2차원적으로 은하계를 정의 내린 겁니다. 어찌 보면 '2차원에 멈춰 서서 4차원을 상상하는 수학'을 '고전 수학'이라고 말할 수도 있을 것입니다. 미국의 우주 개발 역사를 살펴보면 꾸준히 성장하지 못한 이유를 여기서 찾을 수도 있겠네요. 지금은 이런 모양의 은하를 '바람개비 은하(Pinwheel galaxy)' 또는 고유 번호를 붙여서 부르고 있습니다.

아래와 같은 '나선'을 만들어 보겠습니다.

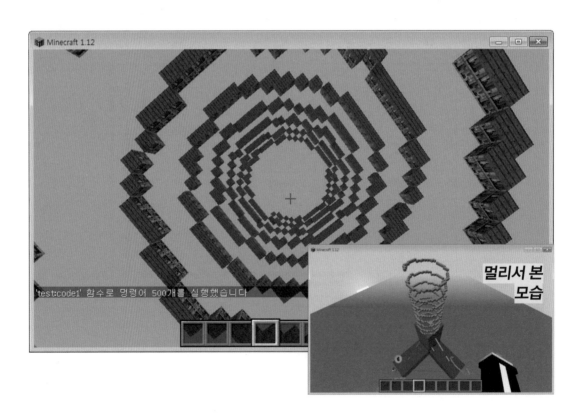

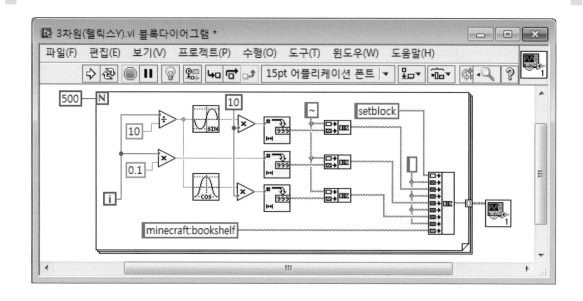

이젠 정말 별다른 설명 없이도 코딩이 가능하실 것 같군요. 위와 같이 만들어주시면 되는데 여기서 '상대좌표'가 사용되었습니다. 그것은 플레이어의 위치를 기준으로 만든다는 것이죠. 따라서 아래의 커맨드를 하나 실행하신 후 프로그램과 만들기를 해보시기 바랍니다.

/tp 0 60 0	Y축 육면체의 윗면 중앙으로 '순간이동(Teleport)'합니다.

이 프로그램을 조금 수정하면 '삼각뿔'이나 '호리병', '나팔' 등의 모양을 만들 수 있죠. 어떠신가요? 수학인 듯, 프로그래밍인 듯, 게임인 듯하죠? 이왕 게임 이야기가 나와서 아저씨들이 경험한 우리나라의 게임 이야기를 잠깐 하고 '구' 만들기로 넘어가겠습니다. 이 이야기는 굳이 이런 종류의 책에 마인크래프트와 같은 어린이 게임을 결합해서 만든 이유가 될 수도 있겠군요. 1980년대에 국내에 개인용 컴퓨터(Personal computer)가 보급되기 시작한 후 많은 사람들은 자신의 창의력과 컴퓨터로 많은 것들을 할 수 있다고 생각했습니다. 비슷한 시기에 비슷한 생각을 하며 성장한 이 사람들은 비슷한 꿈을 꾸고 비슷한 행동을 하기 시작했죠. 바로 특정 게임을 즐기는 것이었습니다. 하지만 이런 현상은 전 세계적으로 흔한 상황이 아니었죠. 그래서 그 당시 사람들은 많은 혼란을 겪기도 하며 여가 시간을 게임에 투자했습니다.

자신의 할 일을 다 하면서 컴퓨터 게임에 조금 과할 정도 참여한 그들의 행동은 그 세대에겐 하나의 희생이었을지도 모릅니다. 그렇게 10년 이상 시간이 흐르자 놀랍게도 우리나라는 전 세계에서 최고의 온라인 게임 왕국이 되었습니다. 즐기는 것은 물론 독자적인 수많은 게임들이 개발되었죠. 전 세계 언론은 물론 이런 상황을 꿈꾸던 외국인들이 우리나라를 동경하고 배우기 위해 찾아왔습니다. 이것은 바로 하나의 미래 산업의 탄생이었습니다. 그리고 이것을 만든 건 일부의 회사나 개발자들이 아닌 그들을 자라게 해준 환경이었고 그 환경은 수많은 그 시대의 사람들이었죠. 누가 시키지도 않았는데 약속이라도 한 듯 생각과 생활 행동 방식을 유사하게 만들고 그 구성원들로부터 정보를 공유하는 그 많은 사람들. 우린 이것을 '문화(Culture)'라고 정의합니다. 지금 생각해보면 정말 기적 같은 일이었죠. 이처럼 오랜 시간 동안 문화가 형성되어야 미래 산업의 씨앗이 자라게 되는 것입니다. 단순한 예로 축구를 사랑하고 열광하는 보통의 사람들이 많아야 그곳에 세계적인 축구선수와 팀이 나오듯이 말입니다. 아쉽게도 지금의 어른들은 이런 소중한 문화를 지키지 못했습니다. 한순간에 게임은 마약과 같은 유해물로 분류되었고 제4차 산업혁명이 휘몰아치는 지금에서야 그 당시의 우리가 전 세계 4차 산업혁명을 이끌 좋은 환경을 가지고 있었다는 것을 알게 되었죠. 우리가 게임으로 코딩과 프로그래밍을 배우듯 게임 개발 강국이 언제든지 소프트웨어 강국이 된다는 건 당연하니까요. 지금의 여러분들은 좋은 것을 꼭 지키는 현명한 어른들이 되었으면 좋겠습니다. 우리와 우리의 미래를 위해서 말이죠. 문화의 불씨가 꺼진 후 법을 바꾸고 단시간 내에 다시 부흥시키자는 생각은 정말 무지한 생각입니다. 문화는 수십 년 이상의 시간은 물론 수많은 사람들의 의지도 필요로 하니까요.

d-3. {{구}}

가상세계에서 여러분들을 탈출시켜줄 '구'를 만들어 보겠습니다. 가상세계는 너무나도 이상적인 완벽한 세계를 제공해주지만 자칫 여러분들의 현실 감각을 망치거나 감각의 성장을 막을 수도 있는 양날의 칼과 같죠.

이 말이 무슨 말인지는 아래와 같이 만든 후 얘기해보겠습니다.

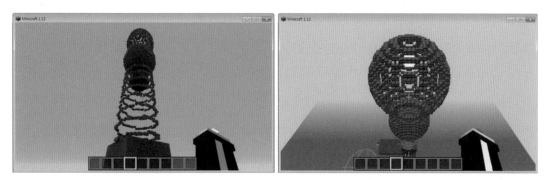

이것의 프로그램은 아래와 같아요. 대부분 이미 다룬 코드들입니다.

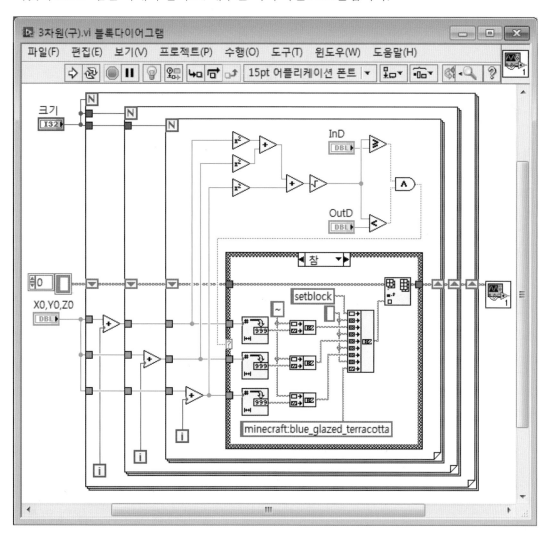

블록의 종류가 바뀌었고 '제곱', '제곱근'과 '비교', 'AND' 노드가 새롭게 사용되었군요. 결정적으로 설정 상수들을 모두 컨트롤로 바꾸었습니다. 여러 종류의 '구'를 만들기 위해서죠. 이젠 파일을 새로 만드는 것은 연습하지 않겠습니다. 그냥 하나의 파일로 설정값들을 바꾸며 여러 개, 여러 형태로 만들겠습니다.

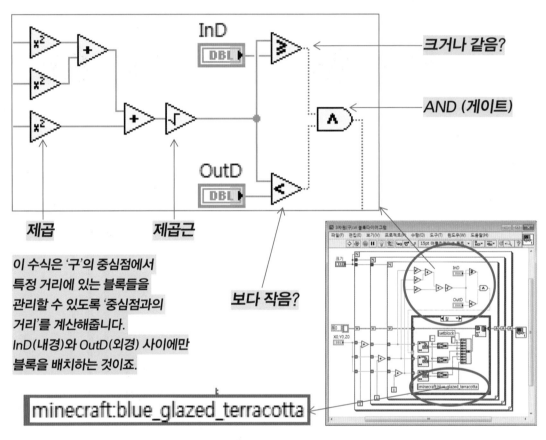

제곱　　　　**제곱근**

크거나 같음?

AND (게이트)

이 수식은 '구'의 중심점에서 특정 거리에 있는 블록들을 관리할 수 있도록 '중심점과의 거리'를 계산해줍니다. InD(내경)와 OutD(외경) 사이에만 블록을 배치하는 것이죠.

보다 작음?

`minecraft:blue_glazed_terracotta`

'제곱'과 '제곱근' 노드의 위치는 〈함수 팔레트〉, 〈숫자형〉에 있으며, 이외의 노드들은 〈함수 팔레트〉, 〈비교〉에 있습니다. 그리고 컨트롤 들의 설정값들은 아래와 같죠. '크기' 설정으로는 구의 크기를, 'X0, Y0, Z0' 설정으로는 위치를 조절합니다.

크기	X0,Y0,Z0	InD	OutD
20	-10	0	7
		구의 내경	**구의 외경**

이제부터 아래의 순서에 따라 진행하시면 저와 동일하게 만들어집니다. 물론 여러분이 원하는 곳에 자유롭게 '구'를 만드시는 것도 좋습니다. 가장 먼저 순간이동부터 해주세요. 첫 번째 구의 중심 좌표가 되죠.

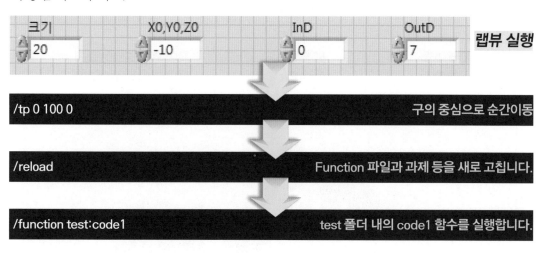

구의 안쪽이 꽉 차 있기 때문에 앞이 캄캄해집니다. 걱정 마시고 아래와 같이 계속 진행하세요.

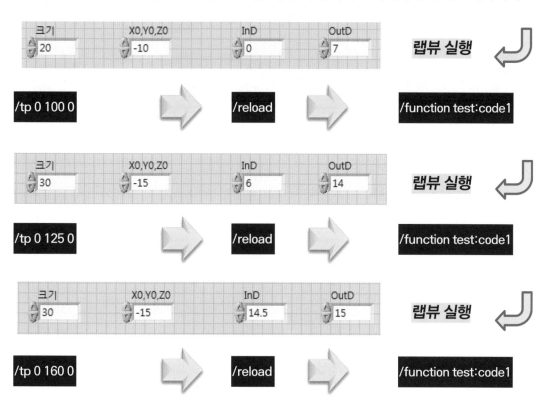

마지막으로 자유롭게 위치를 바꾸며 여러 형태로 만들어 보겠습니다. 마지막 가장 큰 '구'는 아래 같이 만들었습니다.

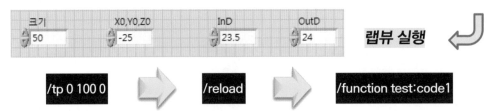

하나의 예로 '직선의 방정식'만 설명 드리고 나머진 프로그램으로만 살펴보려 했지만 '구'에 대해 설명을 드리기 위해서는 방정식을 한 번 더 언급해야겠군요. 사실 '방정식'이 아니라 '정리(Theorem)'입니다. 제가 앞서 '고전 수학'이라고 부르던 그 수학들이 오래되어서 '고전'이라는 말을 쓴 것으로 오해될 수 있으나 '고전 수학'은 그리 오래된 것들이 아닙니다. 단지 수천 년의 '수학'에서 '현대 수학'이라고 말할 수 있는 시기 바로 직전의 일부 수학이 '고전 수학'이죠. 우리나라의 역사와 비교해본다면 대략 고려에서 조선으로 넘어가던 시점에서부터 근래까지로 볼 수 있습니다. 조선이 600년간 아무리 고려를 부정했어도 전 세계가 인정하는 고려의 과학과 문화의 역사보다 우수하다고 평가할 수 없다는 것이 '고전 수학'과 비슷하군요. 또한 영조(1694~1776)가 그런 조선을 위해 자신의 아들도 죽이고 아들이 보던 왕들에게만 허용되었던 고서적들을 폐기한 것은 단순히 아들만 못 지킨 것이 아니라 조선 자체를 평균 이하의 약소국 가로 만드는 행위였습니다. 영조가 그런 행위를 하며 왕권을 유지하던 시기에 영국에서는 제1차 산업혁명이 시작되고 있었습니다. 어찌되었든 지금 말하려고 하는 '정리'는 '고전 수학'보다 오래된 수학의 양심이 살아있던 시기의 '수학'이죠.

바로 '피타고라스의 정리(Pythagorean theorem)'입니다. 이것은 고대 그리스의 철학자이자 수학 자였던 피타고라스가 그 당시에 사용하던 수학을 정리한 것이고 그것이 지금까지 전해지며 이렇게 불리고 있죠. 지금으로부터 대략 2600년 전의 일이었습니다. '고전 수학'이라고 분류할 수 있는 상상 속의 수학은 약 2천 년이나 지난 다음의 이야기이죠. '피타고라스의 정리'를 설명하기 전에 아래의 그림을 보고 질문을 해보겠습니다. 2개의 TNT 블록 사이는 몇 칸 떨어져 있나요?

'피타고라스의 정리'를 아직 안 배우고 마인크래프트를 할 줄 아는 학생들은 중간에 블록을 대각선으로 연결해서 '3칸'이라고 말할 것입니다. 그럼 옆에 있는 2개의 마그마 블록은 몇 칸 떨어져 있나요? 이제 고민됩니다. 왜냐하면 대각선으로 이어지지 않기 때문이죠. 사실 '피타고라스의 정리'를 사용하지 않는다면 마인크래프트를 할 줄 알든, 모르든, 학생이든, 어른이든 만만한 문제가 아닙니다. 그래서 수천 년 전의 사람들은 이런 문제를 풀기 위해 생각하고 또 생각했던 거죠. 그렇게 만들어진 수학은 우리가 앞서 다룬 직각삼각형에서부터 설명됩니다.

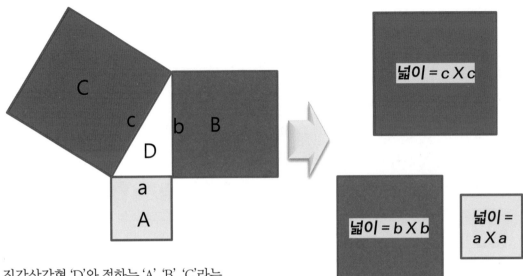

직각삼각형 'D'와 접하는 'A', 'B', 'C'라는

정사각형이 있습니다. 이것들의 한 변의 길이가

각각 'a', 'b', 'c'라고 할 때 A의 넓이는 a 곱하기 a(aXa)입니다.

$$c = \sqrt{a^2 + b^2} \qquad\qquad a^2 + b^2 = c^2$$

이렇게 정리된 결과 수식은 위와 같으며 이 수식에 의거, 직각 삼각형의 두 변의 길이를 알면 그로부터 나머지 변의 길이도 계산할 수 있다는 것입니다. 이와 같은 특징을 가진 직각삼각형은 '삼각함수(trigonometric function)'와 연계되기도 하지요. 예를 들어 아래와 같이 각 변의 길이가 'a', 'b', 'c'이고 'a'와 'b' 사이의 각도가 'X'인 직각삼각형이 있다고 할 때 아래와 같습니다.

사인: $\sin X = a / h$

코사인: $\cos X = b / h$

탄젠트: $\tan X = a / b$

다시 말해 부분적인 변의 길이와 부분적인 사이 각을
알면 나머지도 알 수 있다는 겁니다. 이외에도 관련된
특별한 삼각함수 값들과 항등식 등이 있습니다.
바로 이런 것들로 다음의 {{추가 예제}}를 다루어 보겠습니다

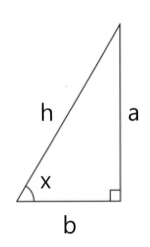

이번에 다룰 것은 정확히 말하면 예제가 아닙니다. 다음 장인 '3-3. 수학과 함께 현실세계 공간 좌표 프로그래밍'을 하기 위해 몇 가지 같이 생각해보는 시간이죠. 우리는 지금까지 정해진 그림이나 도형만을 만들어 왔습니다. 조금 더 복잡하고 규칙적이며 신비로운 것들을 어떻게 만들 것인지 생각해보게 됩니다. 이것을 위해서는 블록 하나하나에 수학적인 의미가 있는 좌표를 반영해야 할 것입니다. 이런 생각을 최대한 이끌다 보면 3차원 공간에서의 '관측'과 '정보 공유'에 대한 개념에 도달하게 되죠. 사실 중간에 몇 단계의 절차를 밟는다면 쉽게 이해되시겠지만 모두 생략하고 끝부분으로 직행하겠습니다. 여러분도 자유롭게 생각할 여유가 생겼을 것이고 중간 단계를 계속 프로그래밍하다 보면 지칠 수도 있으니까요. 더욱이 앞선 예제들에서 이 모든 것들이 언급되었다는 사실이 가장 큰 이유입니다.

'관측(Observation)'이라 함은 육안이나 레이더(Radar) 같은 기계로 자연이나 천체의 상태, 변화 등을 관찰하는 것을 말합니다. 마인크래프트에서 나오는 '관측기(Observer)'와는 의미는 같지만 그 기능과 수준은 천지 차이죠. 그리고 '정보 공유(Information sharing)'는 말 그대로 정보를 나누는 것이죠. 기능적인 면을 생각한다면 '네트워크(Network)'가 더 정확하니 앞으론 '네트워크'라고 말하겠습니다. 이제 우린 완전히 이상적인 3차원 공간상에서 프로그래밍을 하지 않고 생각만 같이해보겠습니다.

[1] 하늘을 날아가는 TNT 블록(대상물)이 있습니다.
[2] 관측자가 그것을 뛰어난 시력으로 지켜봅니다.
[3] 관측자는 그것이 관측자 자신과 얼마나 떨어져 있는지 알 수 있습니다.
[4] 관측자와 연결된 네트워크 환경을 통해 제3자에게 그 정보를 알려줍니다.
[5] 제3자는 TNT블록을 막기 위해 그곳을 향해 방어용 블록을 배치해갑니다.

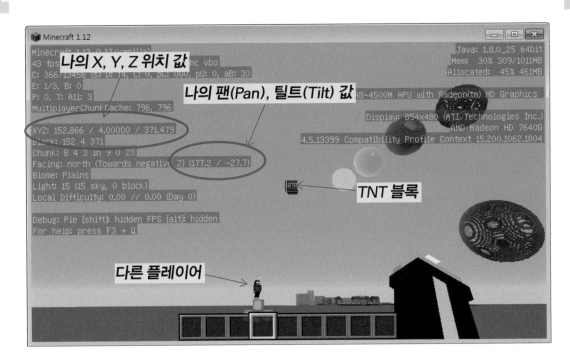

마치 위와 같은 상황입니다. 참고로 위 그림의 '팬(Pan), 틸트(Tilt)'는 내가 바로 보는 수평, 수직 각도를 의미하며, TNT 블록과 관측자 입장인 제 캐릭터 위치와의 거리는 별도의 코딩(이 책에서는 생략함)으로 계산할 수 있는 상황입니다. 그리고 날아가는 TNT 블록에 대한 저의 관측 정보를 저 멀리 있는 다른 플레이어에게 공유해주고 있습니다. 다른 플레이어는 TNT 블록의 위치를 눈을 감고도 알 수 있죠. TNT 블록을 향해 날아가거나 다른 블록을 배치할 수가 있습니다. 더 멀리 있는 마을을 날아가는 TNT 블록으로부터 지키기 위해서 말이죠. 어이쿠 이거 마을 지키기 미니게임(Mini game)을 설명하는 것 같군요. 마인크래프트 유저들이 열심히 하는 미니게임 만들기는 놀이이기도 하지만 코딩의 기본기를 키우고 논리적, 수학적 사고력 향상에도 도움이 됩니다. 다시 본래의 것을 정리하자면 특정 좌표 하나를 중심으로 단순 도형 만들기를 하는 것이 아니라 이동하는 좌표에 근거하여 '형이상학(Metaphysics)'적인 형상을 만들 수 있다는 말이기도 하죠.

이제는 저에게 고민이 생겼습니다. "이대로 다음 장으로 넘어가도 될 것인가?"라는 고민이죠. 사실 다음 장은 마인크래프트와의 작별이기도 합니다. 아시는 것과 같이 마인크래프트는 완전한 3차원 공간이기에 앞선 도형들과 몇몇 방정식 등으로 모든 위치에 대해 수학적으로 정의 내릴 수가 있었습니다. 그러나 현실은 다릅니다. 바로 '지구는 둥글다'는 것이지요. 좋습니다. 간단하게라도 두 세계의 차이점을 정리하고 다음 장으로 넘어가도록 하겠습니다.

마인크래프트와 같은 가상세계는 직교좌표계로 해석이 됩니다. 지금까지의 X, Y, Z 좌표축이 이에 해당되지요. 하지만 현실세계에서는 '극좌표계(Polar coordinates)'를 사용합니다. 그렇습니다. '구'를 열심히 만들고 필요 이상의 추가 설명을 진행한 이유는 이 두 좌표계 간의 중간 다리 역할을 하기 때문이었습니다. 우리가 앞서 '구'를 만들 때 중심점으로부터 특정 거리에 있는 블록들만 생성을 했던 것을 기억하시나요? 기존의 도형들처럼 직교좌표계의 X, Y, Z 를 기준으로 육면체를 만듦과 동시에 극좌표계를 이용해서 중심점과 각 블록의 거리를 계산했던 것입니다. 이것에 아래와 같은 2개의 각도 성분을 이해하면 되는 것이지요.

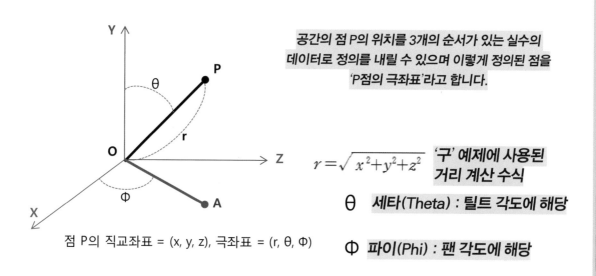

공간의 점 P의 위치를 3개의 순서가 있는 실수의 데이터로 정의를 내릴 수 있으며 이렇게 정의된 점을 'P점의 극좌표'라고 합니다.

$$r = \sqrt{x^2 + y^2 + z^2}$$ '구' 예제에 사용된 거리 계산 수식

θ 세타(Theta) : 틸트 각도에 해당

점 P의 직교좌표 = (x, y, z), 극좌표 = (r, θ, Φ)

Φ 파이(Phi) : 팬 각도에 해당

어떤가요? 수학은 재미있고 또 공부할 의미가 있는 것이죠? 참고로 현재의 학교에서는 고등학교 이과에서 2학년 때 잠시 다루고 끝내는 부분입니다.

3-3. 수학과 함께 현실세계 공간좌표 프로그래밍

이 장에서는 가장 먼저 {지구좌표 이해하기}에서 몇 가지 생각을 함께해보겠습니다. 다음을 위한 준비 작업이죠. 그리고 {지구좌표에서의 프로그래밍}을 보여드리겠습니다. 같이해본다는 느낌보단 지켜보신 후 수학을 공부하고 랩뷰 프로그래밍을 연습한 다음 따라 해보시는 게 좋을 것 같군요. 이 책이 수학공부가 얼마나 재미있고 중요한지 알려드리기 위해 만들어진 책이라는 것을 증명해주시기 바랍니다. 물론 '현대 수학'을 말하고 있죠. 그리고 보다 더 공감하기 위해 빛의 속도에 대해 생각해보고 넘어가겠습니다. 빛의 속도는 대략 $3.0 \times 10^8 m/s$입니다. 1초에 300,000,000m 이동하죠. 다시 말해 1초에 30만 킬로미터를 이동하는 겁니다. 정말 대단하죠? 더욱이 에너지의 전달 형태인 파장으로 전해지는 것이 아니라 빛 자체가 이동하는 것으로 우주에서 가장 빠른 것으로 알려져 있습니다. 이것을 처음 측정하고자 했던 사람은 갈릴레이입니다. 물론 실패했죠. 그 당시엔 측정할 방법이 없었습니다. 어떤 이들은 그냥 상상 속의 이야기를 만들어 내기도 하였고요.

그 후 1675년 덴마크 천문학자 뢰머가 실험 반 추정 반으로 $2 \times 10^8 m/s$라고 발표했죠. 큰 범주에서는 정말 놀라운 최초의 결과였습니다. 그 뒤 1729년 영국의 천문학자 브래들리는 별빛의 광행차를 이용하여 지금과 유사한 속도를 얻었습니다. 지금의 우리들이 어려운 시기에 살고 있다고들 한다지만 그 당시엔 '고전 수학'을 광적으로 믿던 과학자들이 많던 시절이었는데도 일부의 이런 과학자들은 놀라운 결과를 얻어낸 것입니다. 그 중 프랑스의 물리학자 피조는 1849년 톱니바퀴와 거울 사이의 거리를 측정하고 되돌아온 펄스를 눈으로 측정하는 실험 장치를 통해 $3.13 \times 10^8 m/s$라는 결과를 얻었다고 발표했습니다. 하지만 현대에 와서 레이저를 통해 측정한 결과 오히려 그 전에 알려진 속도에 근사한 $2.99 \times 10^8 m/s$로 확인되었죠. 고전 수학자는 아니지만 고전 수학을 기반으로 하는 환경 속에 있던 그의 실험은 빛에 관한 인류의 과학을 다시 100년 뒤, 또는 그보다 전의 상태로 후퇴시켰던 것입니다.

어떤가요? 수학과 어설픈 '고전 수학'에 지나치게 열중하던 시절의 잘못된 실험 결과, 그리고 '현대 수학'과 함께한 정확한 실험 결과. 우리가 상상 기반의 '고전 수학'을 바로 보아야 하는 이유와 '가상 세계'에 머물러서는 안 되는 이유가 모두 설명됩니다.

a. {지구좌표 이해하기}

극좌표계에서는 같은 방향의 좌표축 한 묶음(X, Y, Z)으로 정의할 수 없습니다. 이 말은 내가 있는 위치에 따라 기울어진 완전히 다른 좌표계가 필요하게 된다는 말입니다. 아래 그림처럼 말이죠. 이것은 마인크래프트 세상과는 전혀 다른 세계입니다. 이것에 대해 생각을 쉽게 정리하는 방법으로 사람들은 지구의 중심을 모든 좌표계의 중심으로 생각하기로 했고 이것은 지구상의 모든 좌표계의 기준이 되는 지구 좌표계의 원점이 되었습니다. 그것이 그림에 표기된 G 지점입니다. 지구의 무게 중심이죠. 무게 중심으로 정한 이유는 지구의 외형적 중심을 찾기는 거의 불가능하기 때문입니다.

또한 지구상의 모든 Y축의 방향은 중력 중심을 향하기 때문에 추가적인 이점이 있는 것이죠. 지구 어디서든 물방울이나 기타 중력의 영향을 받는 물질을 잘 보면 지구 중심을 확인할 수 있으니까요. 그리고 이것은 '고도'의 기준선이 됩니다. 또한 지구 좌표계의 수직선은 '경도(Longitude)', 수평선은 '위도(Latitude)'라고 정해집니다.

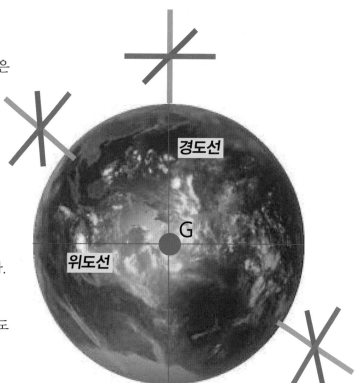

경도선

위도선

G

그럼 이 3가지의 기준선은 어떻게 정확한 데이터로 얻어질까요? 지구는 자전을 합니다. 공전도 하죠. 태양계도 이동 중입니다. 태양계의 이동은 은하계가 회전하고 있다는 뜻이죠. 태양계가 우리 은하를 한 바퀴 도는 데 2억 3천만 년 정도 걸릴 것으로 예상하고 있습니다. 대략 250,000m/s의 속도로 말이죠. 지구의 태양 공전 속도는 얼마인지 아시나요? 대략 30,000m/s입니다. 지구의 자전 속도, 즉 지구 적도 표면에서의 속도는 465m/s입니다. 흠, 이거 빛의 속도와 비교되는군요. 그래도 우리의 보행 속도와 비교해보면 무시 못할 어마어마한 속도입니다. 우리는 멈춰있다고 생각하지만 지금 이 순간에도 순간이동을 하고 있는 것이죠. 현실적으로 일반적인 과학자 및 일반인들에게 확인되고 공유된 인류가 갈 수 있는 가장 먼 우주의 공간은 러시아의 우주정거장입니다. 7,700m/s의 속도로 공전하고 있죠. 이외엔 특수한 극소수의 사람들에게만 허용되고 언론을 통해 전해진 곳들입니다. 이런 우주정거장과 유사하게 지구 주변엔 많은 '인공위성(Earth satellite)'들이 배치되어 있습니다. 비슷한 속도로 지구 둘레를 공전하고 있죠. 이것은 무게중심을 기준으로 가상의 힘인 원심력과 중력에 해당하는 구심력이 유지되며 회전하고 있는 것으로 원(또는 타원)을 그리고 있는 것입니다. 그리고 지금 제가 말씀 드리고 싶은 위성은 GPS(Global Positioning System) 위성이죠. GPS 위성은 지구를 향해서 쉼 없이 신호를 쏘아대고 있습니다. 지구에서는 그 신호를 읽어 나의 '고도', '경도', '위도'를 계산할 수 있죠. 이것들은 일반적으로 30m 정도의 오차 범위 내에서 계산되기도 하지만 고성능 GPS 장비를 사용하면 몇 미터 내의 오차 범위 내에서 위치 정보를 측정할 수도 있다고 합니다.

다음은 방향입니다. 나의 위치는 하나의 점으로 표현한 뒤 추가적인 정의가 필요합니다. 그것은 내가 관측자인 경우에 필요한 것으로 보는 '방향'이 이에 해당됩니다. 이것은 모든 관측 대상물이 GPS 정보를 공유한다면 필요 없는 것이겠죠. 내용을 살펴보면 경도선과 일치하는 방향, 즉 '진북 방향(True north)'을 0도(또는 360도)로 하는 팬 각도를 계산하고 무게 중심선과 수직한 방향, 즉 정면을 향한 각도를 0도로 하여 틸트 각도를 계산하게 됩니다. 여기서 팬은 파이(Φ)에 해당되고 틸트는 세타(θ)에 해당되죠.

좀 더 구체적으로 살펴보고 싶지만 이 정도로 마무리하겠습니다. 이 책의 주요 의무는 프로그래밍 방법을 알려드리는 것이니까요.

b. {지구좌표에서의 프로그래밍}

이번엔 앞서 마인크래프트에서 생각해봤던 '관측자'와 '대상물(TNT 블록)', '다른 플레이어'에 대해 실제 지구좌표를 기준으로 프로그래밍해보겠습니다.

그렇죠! 마을 지키기 미니게임의 현실 버전입니다. 본래 저의 취지는 지구에 머무르지 않고 인간의 영역을 확대하고자 하는 생각을 공유하고자 고른 예제인데 너무 갑작스런 변화를 생각하는 것보단 앞의 상황과 연관 짓는 게 좋다고 판단했습니다. 이미 느끼시겠지만 랩뷰는 별도의 '흐름도(Flow chart)' 등을 필요로 하지 않습니다. 별도의 추가 설명서를 필요로 하지 않는다는 말입니다. 왜냐하면 가장 정확하고 구체적인 그림 설명서가 바로 블록다이어그램이기 때문이죠. 하지만 프로그램 파일이 많아지고 함수의 관계가 복잡해지면 이것도 한계가 있습니다. 그래서 프로그램 작업이 끝난 다음 '계측구조'를 보는 기능에 대해 알려드리겠습니다. 간단한 프로그램이기에 큰 의미는 없지만 여러분들이 랩뷰를 계속 사용한다면 언젠간 필요한 기능일 것입니다. 간혹 영화에서 보여주는 기능이기도 하고요.

지구좌표 프로그램은 프로그램 자체도 의미가 있겠지만 수학적인 계산 절차가 더 중요합니다. 이 절차를 이해하는 것이 여러분들에겐 보다 큰 의미가 있을 것으로 판단했습니다. 따라서 절차 중심으로 설명해보겠습니다.

[Step #1]

(목표) 자체적인 극좌표계로 '관측'이 가능한 '관측자(=Radar)'를 준비합니다.

(입력) '관측자'의 위치는 GPS 정보를 근거로 '경도', '위도', '고도' 데이터를 입력합니다. 고도는 지구의 반지름을 반영하지 않은 높이를 말합니다.

(조건) 특별한 노력으로 '관측자'의 위치를 정확히 배치하여야 하며 절대적으로 정확한 지구 중력축과 일치하도록 수평을 맞춰야 합니다. 왜냐하면 '관측자'는 빠르고 정확한 관측을 위해 팬과 틸트의 모션(Motion)으로 작동하기 때문이죠.

보통 현실에서는 '관측자'가 바라보는 방향과 동일하게 '카메라(Camera)'를 달아 카메라의 줌 기능을 이용해 주변의 계측용 표식을 바라본 후 조금씩 교정을 해나갑니다. 하지만 이것은 매우 불안정한 결과를 만들기도 하죠. 왜냐하면 우리가 모두 알고 있듯이 빛은 굴절하기 때문입니다. 그리고 '관측자'의 방향과 카메라의 방향을 기계적으로 동일하게 한다는 것은 현실적으로 불가능하며, 따라서 광학에 의한 교정은 참고용일 뿐이죠. 광학은 수십 미터 정도에서나 신뢰도가 나올 수가 있을 뿐 수백, 수천 미터에서는 많은 오차를 안겨주기 때문입니다.

(결과) 세팅(Setting)이 완벽히 이루어졌다고 가정하고 위치에 대한 정보를 입력하면 '관측자' 기준의 직교 좌표계를 기준으로 '대상물'의 좌표를 계산합니다.

(프로그램) 이 부분엔 프로그램이 없죠. 이것은 프로그램이 행할 과정이 아니라 관측에서 행할 문제입니다. 마인크래프트상에서 팬, 틸트 데이터가 나오듯 지구좌표계의 프로그램이 아닌 '관측자' 내부의 문제입니다. 현실에서는 '레이더(Radar)' 내부에서 결과를 출력하죠. 따라서 프로그램은 아래와 같이 설정값만 입력해주면 되며 이 데이터들에 대해서는 아래 그림을 참고하시기 바랍니다.

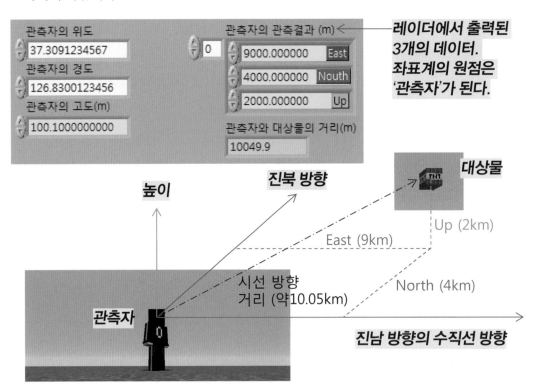

[Step #2]

(목표) '다른 플레이어'도 마찬가지로 위치 정보를 필요로 하며 기타 관련 상수들도 준비합니다.

(입력) '다른 플레이어'의 GPS 데이터(경도, 위도, 고도)를 입력합니다. 앞선 프로그램 입력 데이터들이 그러했듯 이번 프로그램도 같은 형태의 경도, 위도 데이터를 입력합니다. 이 데이터는 '각도(Degree)', '분(min)', '초(sec)'로도 표현합니다. 만약 이런 형태의 데이터를 가지고 있다면 아래와 같이 변환해줄 수 있죠. 그리고 원주율을 180으로 나누어 곱해주면 라디안값까지 얻어집니다. '원주율' 노드의 위치는 〈함수 팔레트〉, 〈숫자형〉, 〈수학 & 과학상수〉 내에 있습니다.

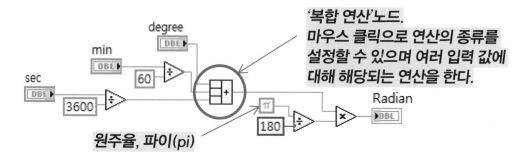

(조건, 결과) 조건은 없습니다. '다른 플레이어'의 시력만 허락한다면 지구 속부터 지구 밖 어디든 상관 없죠. 저 먼 우주 어딘가에서 '대상물'을 찾아올 수도 있습니다. 결과는 앞으로 진행이 가능한 기준이 마련되었다는 정도겠군요.

(프로그램) 프로그램에 다음과 같이 위치에 대한 데이터를 입력하였습니다. 여기서 하나 궁금한 것이 지금 입력한 위치 정보가 도대체 어디쯤일까요? 참고 삼아 지도 한번 보시죠.

Google 지도에서 '관측자'의
위도와 경도를 입력합니다.
경기도 안산시 '안산문화광장'에
'관측자'가 있군요!

'다른 플레이어'의
위치정보는 경기도 수원시
'화서역'입니다.

[Step #3]

(목표) 실질적인 프로그램의 첫 단계입니다. 앞선 위치 정보(경도, 위도)를 '라디안' 변환 후 '삼각함수'로 변환하여 '극좌표계'의 수학 연산 준비를 합니다.

(입력) 여기서 입력해줄 정보가 2개 더 있습니다. 하나는 우리의 거대한 '구'인 지구의 반지름을 알아야 하죠. '구'의 중심 원점으로부터 얼마나 떨어져 있는지 알아야만 합니다. 다들 아시는 것처럼 지구는 울퉁불퉁하며 적도 부근이 더 불룩합니다. 하지만 앞서 말한 것처럼 무게중심을 기준으로 인공위성이 정확히 돌고 있으니 대략적인 지구의 반지름을 계산해도 별 문제는 안 생기죠. 따라서 큰 지름을 기준으로 계산하면 지구의 반지름은 '6,378,137m'가 됩니다. 대략 6,378km이죠. 또 다른 정보는 바로 '지구 중력 상수(earth's gravitational constant)'로 만유 인력의 법칙을 떠오르게 하는 상수이죠. 이것의 값은 '0.0818'입니다. 더욱 세밀한 수치로 입력해줄 필요가 있으나 이 책에서는 이 정도만 입력하겠습니다.

(조건, 결과) 배열 인덱스를 제외한 모든 데이터는 오랜지 색으로 표시되는 정밀한 실수(float)이며 그 중에 '배정도(실수의 비트 수를 기준으로 분류한 형태들 중의 하나)형'입니다. 그리고 삼각함수로 변환된 'R~', 'C~' 데이터들을 출력하죠.

(프로그램) 일단 전체 프로그램을 먼저 보겠습니다. [A]와 [B]로 구분되며 [1] ~ [5]개의 데이터가 [A]로부터 [B]로 전달됩니다. 지금 단계에서는 [A]를 보시면 되죠. 그리고 이번엔 전에 사용한 '플랫 시퀀스 구조'와 기능적으로는 동일하지만 형태가 다른 '다층 시퀀스 구조'를 사용합니다. 프레임 번호로 관리되죠.

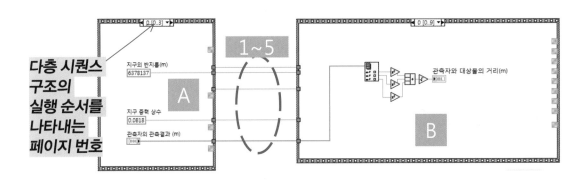

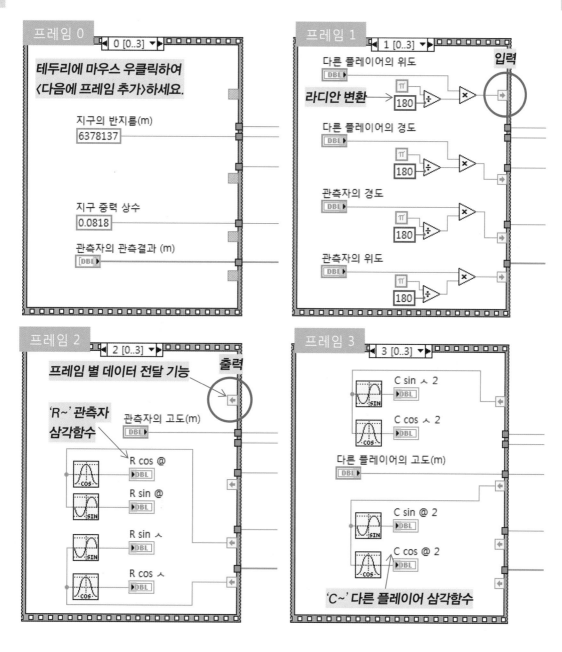

총 4개의 시퀀스 페이지로 구성되어 있습니다. 처음 보시는 것은 빨간 원으로 표시한 것뿐이군요. 이것은 '다층 시퀀스 구조' 테두리에 마우스 우클릭한 후 〈시퀀스 로컬 추가〉를 하시면 노란 박스가 생기며 그것에 데이터를 넣어주면 '입력' 화살표가 나타나고 그것은 다음 페이지에서 '출력'으로 사용됩니다.

[Step #4]

(목표) '관측자'와 '대상물'의 거리를 계산합니다. 독립된 간단한 계산이죠.

(입력) [A]로부터 전해 받은 '관측자의 관측 결과(m)' 배열 데이터를 입력 받습니다.

(조건) 배열 순서에 따라 동쪽 방향으로의 거리(m), 북쪽 방향으로의 거리(m), 하늘 방향으로의 높이(m)가 담겨 있는 배열입니다.

(결과) 간단하게 거리가 계산되죠. 이런 계산은 앞서서 많이 다루었습니다.

대략적인 감을 잡기 위해 지도에 표시해볼까요? '관측자'가 위치한 곳에서 동쪽으로 9km, 다시 북쪽으로 4km를 표시하였고, 다음으로 '관측자'로부터 '대상물'로 직선을 그어 보았습니다. '다음 지도'에서는 9.86km 의 거리가 나오는 군요. 이것은 높이가 반영 안 된 거리입니다.

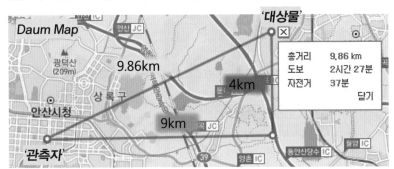

(프로그램) [B] 영역의 시작, [프레임 0]은 아래와 같습니다.

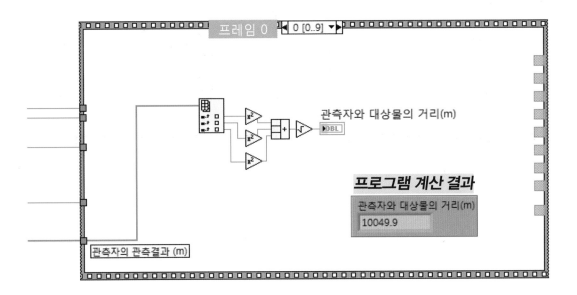

[Step #5]

(목표) 이번에도 정식 변환 연산을 하기 전에 준비하는 절차입니다. 바로 '관측자'와 '다른 플레이어'의 고도를 지구 중심을 기준으로 계산하기 위해 지구 표면에서 지구 중심까지의 거리를 계산합니다.

(입력) 앞선 [A] 영역에서 입력된 컨트롤들 중에 '위도'에 해당되는 데이터의 '로컬 변수(Local variable)'를 가져옵니다. 그리고 '지구의 반지름(m)'과 '지구 중력 상수'도 입력으로 사용됩니다. '지구 중력 상수'와 위도가 연관되어 있습니다.

(조건, 결과) 별다른 조건은 없습니다. 수학 방정식을 정리해드리고 싶지만 생략하겠습니다. 프로그램을 보시면 반대로 유추하실 수 있으니까요. 이제 지구 중심점과 지구 표면의 거리가 단순 계산이 아니라 실제 사용할 수 있도록 보정 및 계산되었습니다. 그리고 지구 표면으로부터의 높이에 해당되는 'GPS 고도'를 더해주면 전체 높이가 계산됩니다.

(프로그램) 프로그램은 아래 그림에서 보시는 것처럼 '프레임 1'과 '프레임 2'에서 처리합니다. 별다를 것 없지만 '로컬 변수'가 처음으로 사용되었군요. 해당 프레임 코드를 보신 후 이어서 '로컬 변수' 사용 방법에 대해 간략히 알려드리겠습니다. 이것은 '컨트롤'이나 '인디케이터'의 데이터를 공유하는 방식입니다.

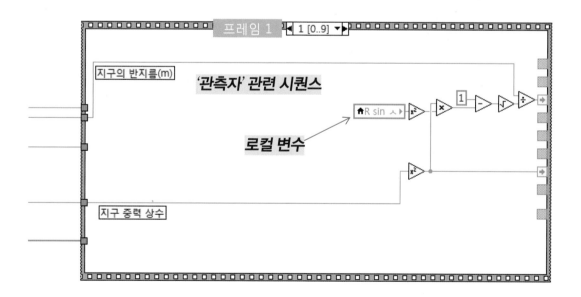

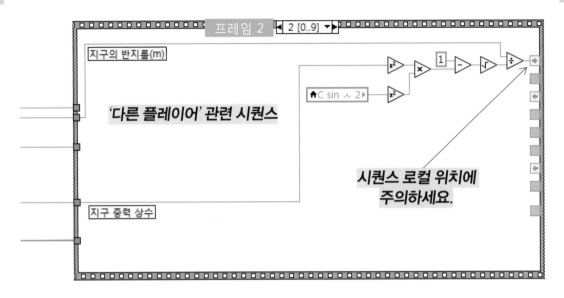

'로컬 변수' 사용 방법은 아래와 같습니다.

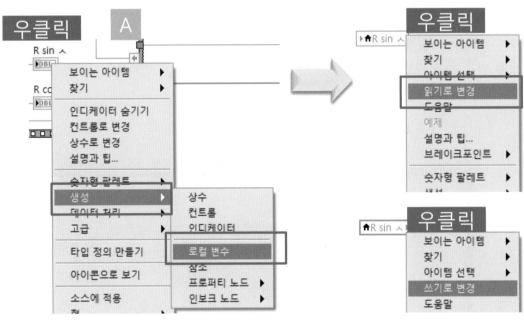

[A] 영역에 있는 '인디케이터'(또는 '컨트롤')에 우클릭합니다.

〈생성〉, 〈로컬 변수〉를 클릭하여 블록다이어그램 바탕화면에 배치합니다. 배치된 로컬 변수는
우클릭 후 〈읽기로 변경〉 또는 〈쓰기로 변경〉을 할 수 있습니다. 목적에 따라 선택하여 사용할
수 있으며 동일 파일 내에서만 사용합니다.

[Step #6]

(목표) 앞선 두 종류의 좌표계를 병합하여 거대한 지구 직교 좌표계를 만듭니다.

(입력) 앞서 우린 '관측자'와 같이 지구 표면 위에서 자신만의 직교 좌표계를 사용했습니다. 그리고 지구 자체의 극좌표계도 살펴보았습니다. 이 두 세계를 입력으로 하는 것이죠.

(조건, 결과) 결과는 지구 중심에 원점을 두는 거대한 좌표계가 만들어지며 이것은 지구 내부나 표면은 물론 지구 주변 모든 것에 대한 거대 좌표계가 됩니다.

(프로그램)

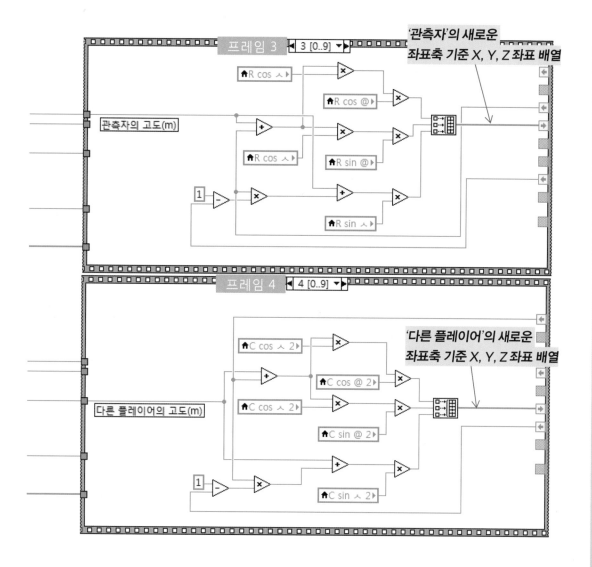

[Step #7]

(목표) 좌표계를 정의 내립니다. 행렬로 수식화하는 것을 말하죠.

(입력) [A] 구역에서 삼각함수로 변환한 위치에 대한 모든 데이터들이 사용됩니다. 하나의 좌표축이 아닌 모든 좌표축, 다시 말해 좌표계 전체에 대한 방정식이 하나의 행렬로 정리됩니다.

(조건, 결과) 1차원 배열을 모으면 2차원 배열이 됩니다. 여기서 배열이라는 용어는 프로그래밍 영역에서 주로 사용되며 수학에서는 '행렬' 또는 '매트릭스'라고 말하죠. 영화 제목의 그것과 같은 것입니다. 간단해 보이는 코드들은 코딩을 할수록 많아지고 상호 작용을 하며 결국 거대한 매트릭스가 되는 것이죠.

(프로그램) 아래 그림을 참고하세요. 〈음수화〉 노드의 설명은 필요 없겠죠?

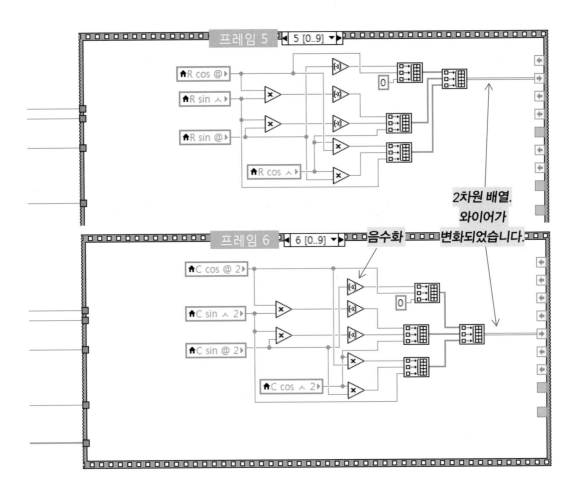

[Step #8]

(목표) 좌표계를 회전합니다. '관측자'의 좌표계를 지구 중심으로 이동 후 좌표계를 회전시켜 두 좌표계를 동일하게 만드는 식의 과정입니다.

(입력, 조건) '관측자'의 좌표계에 해당하는 [프레임 7]의 연산을 위해서는 [프레임 5]의 2차원 배열과 [A] 영역의 '관측자의 관측 결과' 배열, 그리고 [프레임 3]의 배열이 필요합니다. '다른 플레이어'의 좌표계에 해당하는 [프레임 8]의 연산을 위해서는 [프레임 6]의 2차원 배열과 [프레임 4]의 배열, 그리고 앞선 [프레임 7]의 결과 배열이 필요합니다. 프로그램 기준의 설명이라 다시 정리할 필요가 있겠군요. 이것을 앞서 언급되었던 '알고리즘(Algorithm)'이라 합니다. 수학과 프로그래밍의 중간 영역에서 주로 사용하는 용어입니다. 일의 순서, 절차를 생각하고 그 생각을 정리한 것이라고 말할 수 있기에 지금 이 용어를 사용했습니다. 지금의 설명은 전체 알고리즘에 대한 설명이니 어쩌면 가장 중요하겠군요.

아래와 같이 크기 비율이 많이 왜곡된 3개의 좌표계가 있습니다.

[1] 지구 표면에 있는 '관측자'가 '대상물'을 관측합니다. 그리고 자신의 좌표계로 그것을 정의 내리죠. 아래 오른쪽 그림에 주황색 원을 말합니다.

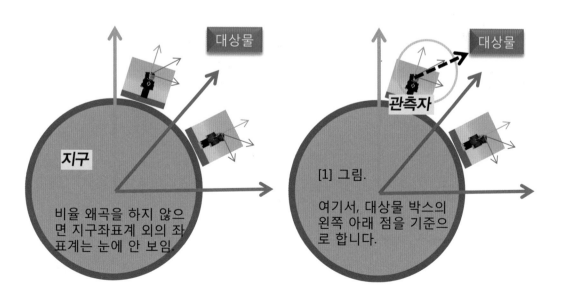

대상물

지구

비율 왜곡을 하지 않으면 지구좌표계 외의 좌표계는 눈에 안 보임.

대상물

관측자

[1] 그림.

여기서, 대상물 박스의 왼쪽 아래 점을 기준으로 합니다.

[2] 아래 그림과 같이 '관측자' 기준의 대상물 관측 정보를 지구좌표계 기준으로 변환해줍니다. 왼쪽 그림은 원점이 겹치도록 '좌표계 이동', 오른쪽 그림은 3개의 좌표축이 겹치도록 '좌표계 회전'입니다. 왜 '다른 플레이어'가 바로 대상물을 보면 안 되는지 추가 설명을 드리겠습니다. 우린 작은 책에서 작은 그림을 보고 있기에 '대상물'이 당연히 여기 있다는 것을 알고 있죠. 하지만 수십 킬로미터 밖의 '대상물'은 대략적인 방향을 잡기에도 어렵습니다. 더욱이 '관측자'와 '다른 플레이어'의 거리가 멀수록 말이죠. 예를 들어 지금 당신의 손가락을 머리 위로 올려보세요. 그리고 서울에 있는 남산 타워를 가리켜 보십시오. 그 가리키는 방향은 1도의 오차보다도 수천 배 이상 정밀해야 합니다. 여러분이 계신 곳과 남산이 멀면 멀수록 더욱 정밀해야만 하죠. 그 방향으로 일직선을 그었을 때 그곳에 정말 남산 타워가 있어야 하니까요. 당연히 어렵죠?

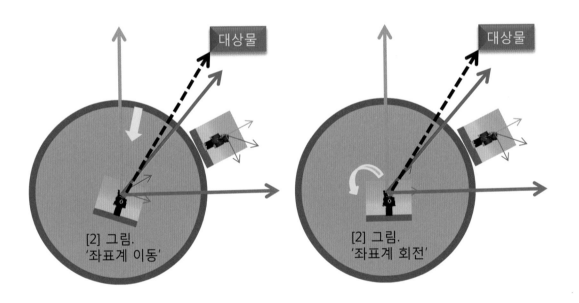

[2] 그림.
'좌표계 이동'

[2] 그림.
'좌표계 회전'

이 상태가 바로 지구 표면에서 관측된 위치 정보가 지구 좌표계를 기준으로 변환된 상태입니다. 지구 중심점을 기준으로 하는 좌표계에서 '대상물'의 위치가 명확히 정의 내려지는 순간이죠. 또한 프로그래밍 Step #8의 '관측자' 입장에 해당됩니다. 이젠 '다른 플레이어' 입장도 살펴보겠습니다. 너무나 먼 곳에서 완전히 다른 입장이니 두 입장의 차이를 줄여야만 하니까요.

[3] '관측자'의 좌표계가 지구 좌표계와 동일하게 되었습니다. 아래 왼쪽 그림처럼 이젠 2개의 좌표계만 존재하죠. 그리고 '다른 플레이어'도 지구 좌표계로의 변환을 필요로 합니다. 아래 오른쪽 그림처럼 지구 중심으로의 이동부터 시작하죠.

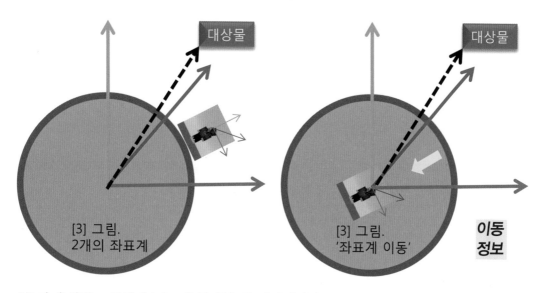

[3] 그림.
2개의 좌표계

[3] 그림.
'좌표계 이동'

이동
정보

[4] 아래 왼쪽 그림처럼 '좌표계 회전'을 할 차례입니다. 이젠 '다른 플레이어'에게도 '대상물'이 보입니다.

[5] 마지막으로 '다른 플레이어'가 지구 좌표계를 기준으로 '대상물'의 위치 정보를 가지고 '이동' 및 '회전'을 역으로 변환해주면 끝납니다.

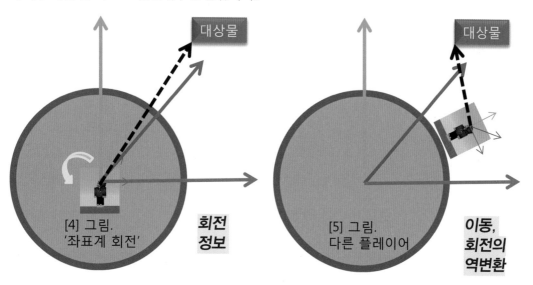

[4] 그림.
'좌표계 회전'

회전
정보

[5] 그림.
다른 플레이어

이동,
회전의
역변환

(결과) 행렬, 즉 배열은 그 자체로도 상당히 많은 내용을 가지고 있습니다. "왜 이리 복잡한 걸 만들어서 우릴 힘들게 하죠?"라는 의문이 드실진 모르겠으나 사실은 반대입니다. 이런 수학들이 있기에 일상적인 문제와 다른 복잡한 문제를 해결할 수 있는 것이죠. 결국 복잡해 보이는 수학은 인류가 찾아낸 가장 쉬운 방법입니다. 멀리서 보면 복잡해 보이지만 안으로 들어가면 "어떻게 이런 획기적인 생각을 했을까?" 하고 놀라게 되죠. 이번 절차의 결과로 드디어 최종 좌표계에서 '대상물'을 찾아볼 준비가 끝나게 되는군요.

(프로그램)

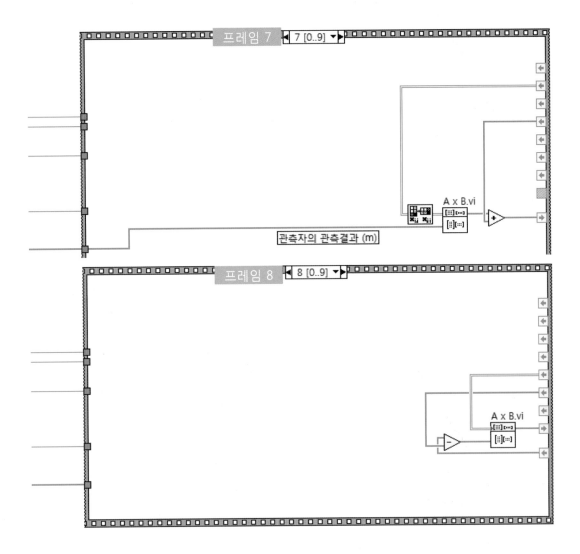

[Step #9]

(목표) '다른 플레이어' 기준으로 '대상물'의 방향을 정의 내립니다.

(입력, 조건) 위치 정보를 일반적인 방향을 설명하는 각도 기준으로 변환합니다.

(결과) 아래 프로그램의 인디케이터 배열과 같이 3개의 정보가 얻어집니다. '다른 플레이어' 와 '대상물'의 거리, 진북 기준 팬(회전) 각도 마지막으로 고개를 얼마나 들어야 하는지에 대한 틸트 각도이죠. 그리고 이 프로그램의 경우 그 정밀도는 0.000001도입니다. 프로그래밍 이 완료된 이후 확인 절차까지 끝나면 아주 손쉽게 계산되는 결과이지만 사실 새로운 환경, 새로운 개발 내용에 따라 이러한 3차원 상의 수많은 관계는 실무자들의 머릿속에 쉼 없이 계산되고 있답니다. 국방, 항공, 방송 등의 해당 분야에서 일하는 관계자들의 눈에 보이지 않는 노고는 상당하며 그들의 노력은 정말 쉴 틈이 없죠. 물론 프로그램 개발이 끝나면 이후엔 컴퓨터가 다 계산해주니 다행입니다. 그래서 이런 분들은 저와 같은 수학 기반의 '프로그래머 (Programmer)'들을 필요로 하죠.

(프로그램)

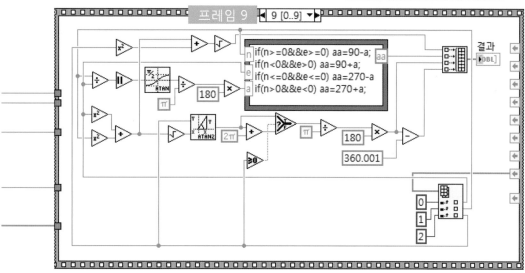

[Step #10]

가벼운 마음으로 결과 데이터를 간단히 검증해보겠습니다. 앞 부분에 사용되었던 'Daum 지도'를 이용해서 말이죠.

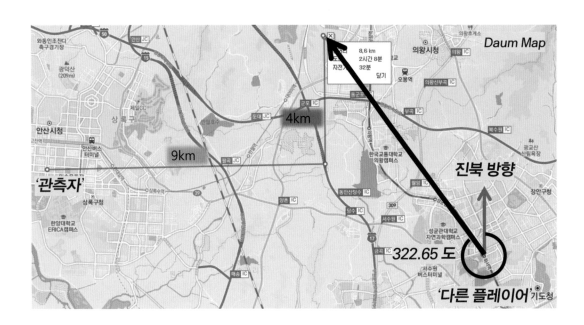

팬 각도만 확인하면 되겠군요. 2차원 평면 지도에서 틸트를 보는 것은 불가능하니까요. 그리고 거리 또한 유사한 값이 나오긴 했지만 2차원과 3차원의 결과는 당연히 다르게 나올 수 있습니다. 이러한 차이점은 굳이 제가 설명 안 드려도 될 것 같군요. 3차원적인 세계관이 부족했던 유럽인들이 대항해 시대를 시작한 건 다른 대륙에서의 항해 시대에 비해 상당히 뒤처진 시기였습니다. 더욱이 그들은 평면 지도만 이해하는 수준이었죠. 그들의 항해가 길어지면 길어질수록 잘못 찾아간 땅들이 많아졌습니다. 어쩌면 뒤처진 2차원 세계에서 머무른 덕분에 더 많은 땅을 발견할 수 있었겠군요. 그리고 그렇게 얻어진 부와 끝임 없는 노력으로 지금의 '현대 수학'을 이끄는 강대국이 되었습니다. 3차원적인 세계관을 고대국가들의 유적에서도 찾아볼 수 있었지만 지금과 다른 점은 결국 '컴퓨터'가 있느냐 없었느냐로 생각되는군요. 앞서 말한 것처럼 이런 복잡한 생각을 사람이 하나하나 했다면 정말 끔찍한 직업이었을 테니까요.

이번엔 일종의 여담처럼 랩뷰 프로그램의 부수적인 기능을 잠시 알려드리겠습니다. 바로 'VI 계측구조'입니다. 아래 그림과 같이 〈보기〉, 〈VI 계층구조〉를 통해 해당 창을 보실 수 있습니다. 지금의 프로그램은 간단하기 때문에 큰 의미는 없는 화면이지만 프로그램이 복잡해지면 한눈에 전체적인 구조를 확인하고 어디든 바로 바로 이동할 수 있는 훌륭한 기능을 제공해줍니다. 수년 전 어떤 영화에서 다른 프로그램들과 랩뷰의 계층구조 화면을 섞어두고 아주 복잡한 프로젝트를 진행하는 것처럼 꾸민 장면이 나왔었습니다. 그 영화에선 로봇이 우연한 사건으로 사람의 의식을 가지게 되었죠. 바로 '인공지능'이었습니다. 하지만 이 영화가 바로 근거 없는 상상으로 우리를 혼란에 빠지게 하는 '고전 수학'자들의 대변입니다. 내용을 모르는 사람이 보면 정말 엄청난 일이고 미래엔 진짜 발생할 것 같은 상황처럼 만들었지만 사실 그 내용엔 '인공지능'에 대한 최소한의 내용도 없었습니다. 마치 그들이 수십 년간 말했던 것들처럼 '2000년엔 날아다니는 차를 타고 출퇴근할 거야', '인공지능 소년 로봇이 사고현장에 나타나 도와줄 거야' 등등의 상상을 넘은 망상 수준의 생각들처럼 말입니다. 이렇게 과학을 흉내 내어 마치 실험 결과로 얻어진 사실이거나 나를 따르면 먼 미래엔 진짜 현실이 될 것이라는 거짓된 '가짜 과학'을 구분하기 위해서라도 '수학'을 공부해야 합니다.

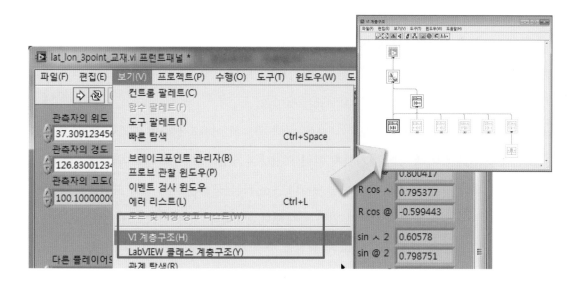

그럼 다시 원점으로 돌아가 보겠습니다. 이런 계산 방법이 얼마나 정확할까요? 참고로 이것은 우주선이나 인공위성 등에 사용하는 방법입니다. 정말 정확한지 예를 들어 생각해봅시다. '관측자'로부터 '대상물'이 20km 떨어져 있습니다. 여기서 오차를 발생시킬 가능성이 있는 항목들은 아래와 같죠.

{관측자의 GPS 위치가 5cm 정도 오차가 있다.}

{관측자의 지구 중심점 기준 수평, 수직이 0.001도 정도 뒤틀려 있다.}

{관측자의 실제 측정 센서와 위치 측정 센서와의 기계적 오차가 있다.}

{다른 플레이어'의 GPS 위치가 5cm 정도 오차가 있다.} 이외 생략.

이것들 중에서 가장 앞에 것만 오차가 생긴다고 지나치게 긍정적으로 가정(현실적으로는 불가능함)한 후 측정 오차의 정도를 생각해보겠습니다. 사실 GPS 디스플레이 장치는 수 밀리미터 정도까지 표시가 되거나 특수한 경우 그 아래 단위까지 표시가 됩니다. 하지만 수신장치가 핵심이 아니라 위성이 문제죠. 인류의 GPS 위성은 수 미터의 정확도를 가지며 최근에 들어 센티미터 단위로 개발된 위성이 하나둘 올라가고 있습니다. 물론 위성 한두 개로 바로 그 정도의 정밀한 위치 정보가 제공되는 것은 아니며 저는 그냥 이 정도라도 되면 좋겠다는 바람으로 5cm를 예로 들었습니다. 다시 정리하면 '관측자'로부터 '대상물'이 20km 떨어져 있고 '관측자'가 본래의 위치에서부터 5cm 떨어져 있는 것입니다. 그럼 '대상물'의 실제 위치와 '관측자'로부터 얻어진 위치와의 차이는 얼마일까요? 여기서 팬, 틸트의 각도는 보정된 상태일 수도 있고 미 보정일 수도 있습니다. 하나의 변수가 되는 것이죠.

앞에서 다룬 지구좌표를 포함한 모든 내용에 대해 충분히 이해하셨다면 생각이 많이 복잡해지실 겁니다. 반대로 이해 없이 여기까지 읽어 오셨다면 '5cm 벗어났네'라고 생각하시겠죠. 하지만 절대 그렇게 작은 오차가 생기지 않습니다. 5cm라는 꿈같은 GPS 오차 조건으로도 얼마나 큰 측정오차의 결과가 얻어지는지 함께 생각해보겠습니다. 먼저 말씀 드릴 것은 우리는 3차원 공간에 있습니다. '대상물'의 좌표계 원점을 중심으로 6개의 좌표축이 각 방향으로 연장된 상태이죠.

이 6개의 방향 외에 공간을 기준으로 8개, 또 각 평면에 수평 한 12개의 방향을 가지고 있습니다. 이것은 물론 대표적인 방향에 대한 항목이지 모든 방향을 말하지 않습니다. 이 많은 것에 대해 오차를 계산하기에는 이 책의 크기와 분량은 턱없이 부족하니까요. 이것은 그림으로조차 설명하기 어렵습니다. 어찌 되었든 공간상의 상호 방향에 따라서 큰 오차가 나올 수도 있고 작은 오차가 나올 수도 있다는 것이죠. 이것을 명확히 하려면 모든 것에 대한 공간좌표상의 오차 발생 방향은 물론 실제 지구좌표상의 위치좌표도 대입해야 계산이 되므로 이 책에서 우리는 대략적인 오차의 정도가 어느 정도인지만 생각해보겠습니다.

119page(Step #8)에서 다루었던 지구부터 생각해보겠습니다. 지구의 지름은 적도 기준으로 약 1만 2,756km입니다. 좀 더 편하게 지구의 반지름을 대략 6,000km로 생각하면 되겠군요. 지구 좌표계에 대해 최소한의 이해도가 없다면 아래 왼쪽 그림의 빨간색 점선을 기준으로 측정 오차를 생각할 것입니다. 하지만 이렇게는 절대 위치 정보를 계산할 수 없죠. 왜냐하면 '관측자'의 위치도 변동될 수 있지만 '다른 플레이어'의 위치는 계속 변화되기 때문입니다. 우주선, (무인)항공기, 무인 드론, 무인 자동차 등과 같이 말이죠. 더욱이 비율을 정상화시키면 다음 그림과 같습니다.

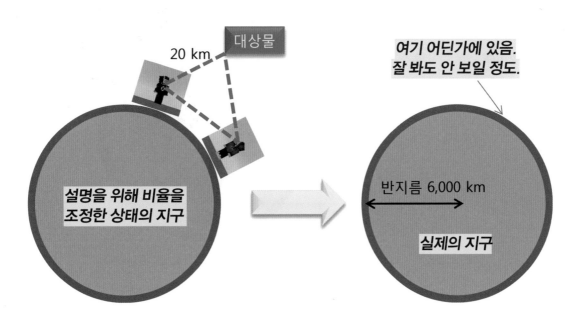

실제 지구 크기에 맞춰 '관측자', '다른 플레이어', '대상물'을 1:1 비율로 그리면 앞선 그림에서처럼 눈에 보이지 않습니다. 이 비율의 차이를 인식한 다음 설명을 이어서 진행할게요.

이제 앞서 계속 다루었던 지구좌표 시스템을 다시 생각하시기 바랍니다. 맞습니다. 빨간색 점선으로 이루어진 삼각형으로 계산되는 것이 아니라 검은색 점선들을 기준으로 좌푯값들이 계산됩니다.

간단히 오차에 대해 결론을 내리자면 우리가 대수롭지 않게 생각했던 위치와 수직(수평), 그리고 기계적인 정밀도들은 지구의 반지름 크기만큼 확대된 오차를 만든다는 것입니다. 그리고 3개의 축(8개의 공간, 12개의 평면)을 기준으로 때로는 지구 반지름의 2배('관측자'에서부터 지구 중심까지, 또 지구 중심에서부터 '다른 플레이어')에 이르기도 하죠. 따라서 '관측자'가 5cm의 오차를 가지고 20km 거리의 '대상물'을 관측할 경우 '대상물' 위치에 대한 실제 측정된 결과값의 오차는 최소 15m이며 이것은 다른 플레이어의 존재 여부에 따라 배 이상 증가합니다. 그리고 이러한 오차라도 얻어지는 확률은 1/6이죠. 그나마 가장 좋은 결과가 이 정도입니다.

정말 꿈만 같은 5cm의 GPS 정밀도를 가졌다고 가정하고 거대한 레이더가 아닌 기계적 가공, 조립 오차가 없는 꿈의 '관측자'를 이용하여 측정한 결과 목표 '대상물'의 위치에 대해 15m 이상의 오차, 즉 15m 근처까지만 찾아갈 수 있는 시스템이지만 이 정도의 관측 결과를 얻을 수 있는 확률은 '관측자'와 '다른 플레이어'의 위치를 6번 옮겨서 재측정을 해야 한 번 얻을 수 있는 행운이라는 것이 조금 아쉽습니다.

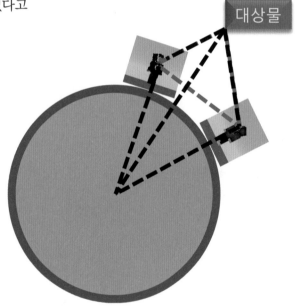

대상물

실망하셨나요? 마인크래프트 가상세계에서의 많은 플레이 및 프로그래밍, 그리고 지구좌표계의 프로그래밍을 직접 경험하고 해당 분야에선 현존 최고 수학의 세계를 보시며 흥미와 재미를 느끼고 긍정적인 생각으로 여기까지 오셨을 텐데 이렇게 허무하게 큰 오차를 가진 결과를 알려드려 저 또한 미안한 마음이 듭니다. 5cm가 아니라 현실적인 오차로 계산하고 일반적인 오류의 가능성을 대입한다면 15m의 측정 오차가 아닌 수백 미터 이상의 오차가 나오는 시스템을 설명한다는 건 정말 유쾌하지 않군요. 다시 말해 내가 만약 무인 비행기인데 레이더 기지에서 지시한 정보를 따라 하늘을 날아 목표 지점에 갔더니 목표물이 안 보이는 거죠. 참 난감합니다.

그러나 이렇게 끝나지 않습니다. 이제부턴 현대 수학의 꽃, '자동제어(Auto Control)'의 세계입니다. 인류의 소프트웨어 기술의 정점이 바로 이것이죠. 사실 소프트웨어 범주 이상이라고 봐야 합니다. 특히 독일과 같은 하드웨어를 잘 만드는 나라에서는 100% 기계적인 작동으로 제어되는 기계를 만들기도 하니까요. 예를 들어 '디젤엔진(Diesel Engine)', 특히 최근의 엔진은 디젤 분사량을 기계적으로 제어합니다. 자동제어는 수학만큼 오래된 인류의 유산인 것이죠. 전문 연구원이나 과학자, 기술자들에게만 익숙했던 이런 자동제어가 근래에 유명세를 타고 있습니다. 바로 'AI(Artificial Intelligence)' 때문입니다. 보통 국내에선 '인공지능'이라고 번역이 되고 있는 이것이 바로 자동제어의 가장 발달된 형태이죠. 솔직히 이 분야는 정상적인 현대 수학의 시작과 함께 재정립되어지고 있으며 이제 막 걸음마를 하기 위해 마음을 먹기 시작한 단계입니다. 그리고 저는 이것을 AI라고 말하겠습니다. 왜냐하면 '인공지능'이라고 말하는 것은 올바른 번역이 아니기 때문이죠. 왜 그런지 잠시 생각해볼까요?
여러분들이 생각하는 '인공지능'은 어떤 것들인가요? '원자력 발전기를 가슴에 달고 있는 사람보다 더 사람다운 로봇?', '사람의 능력을 앞선 지구의 새로운 주인?' 좀 더 단순하게 '사람보다 운전을 잘하는 무인자동차?' 바로 이렇게 우리는 인공지능에 대해 공상적인 생각을 가지고 있습니다. '고전 수학자'들의 결과물 중 하나인 이것은 우리를 허황된 무모한 상상 속으로 던져버렸죠.

그렇다면 이번엔 자동제어 분야에서 새롭게 개발한 AI에 대해 생각해보겠습니다. 실질적이고 현재 우리 주변은 물론 전 세계의 모든 안전과 기능을 담당하는 모든 인간의 피조물들을 만든 '현대 수학'의 결정체인 자동제어 분야는 무언가를 제어하는 방법에 대해서 연구하는 분야입니다. 수십 년 전 퍼지(Fuzzy) 세탁기를 만들었던 국내 가전회사는 물론 모든 과학분야, 개발 분야에서 수많은 사람들이 연구하고 있죠.

그 분야의 꿈은 바로 사람과 같이 스스로 생각하는 소프트웨어 개발입니다. 왜냐하면 앞서 말한 세탁기처럼 각 조건에 따라 모든 프로그램을 사람이 만들어줘야 하는 방법으로는 더 이상 발전하기가 어렵기 때문이죠. 이렇게 프로그래밍을 하기 위해서는 최고의 전문가가 모든 실험을 직접 해본 후 그 결과를 요약해서 프로그램에 넣어줘야 하는데 최고의 전문가를 만드는 시간이 너무 오래 걸리며 더욱이 최고의 전문가가 되었다고 판단하기에도 어려움이 많기 때문입니다. 그래서 사람들은 생각했죠. 사람처럼 배울 수 있다면 좋겠다. 배우기 위해서는 동물의 뇌와 같은 학습 능력이 있어야 했습니다. 그래서 결과적으로 지금의 AI 형태가 만들어진 것이죠. 학습이 가능하고 학습 결과에 따라 스스로 판단하는 프로그램.

또한 학습의 종류에 따라 그 결과를 즉시 알 수 있는 분야에서는 학습 시간이 아주 짧아질 수 있었습니다. 그래서 짧은 시간 만에 인간의 긴 경험을 넘어서는 학습 결과를 얻을 수도 있죠.

그러나 이것을 아무리 좋게 포장한들 내막을 아는 사람들의 눈에는 여전히 여러 항목에 대한 조건문들과 그것들에 대한 DB(Database), 그리고 성능 좋은 거대한 계산기일 뿐입니다.

그럼 이런 AI를 왜 외국사람들은 인공지능이라고 말하나요? 아닙니다. 우리가 특정 세계의 지나친 영향을 받아서 인공지능이라고 말하고 있을 뿐입니다. 여기서 '지식(Intelligence)'이라는 단어와 '지혜(Wisdom)'라는 단어를 비교해볼 필요가 있겠군요.

Intelligence는 IQ와 같이 가리키는 것에 대해 배우는 정도를 나타내는 단어입니다. 예를 들어 10년 동안 동일한 교육을 하였을 때 사람마다 그 배움의 정도가 다르게 나올 경우 이것의 차이라고 말하는 것이죠. 그리고 그 대상물이자 결과물이 '지식(Knowledge)'이라고 볼 수도 있습니다. 이와 달리 Wisdom은 말 그대로 지혜입니다. 이것은 인간이 설명할 수 없는 영역이죠. 뇌를 연구해서 AI를 만들었다 한들 지혜는 아닙니다. 왜냐하면 지혜는 어디서 생기고 어떻게 만들어졌고 어떻게 만들어야 하는지 전혀 모르기 때문이죠. 그리고 지능과 지혜를 칼처럼 분류할 수 있을까요? 지능의 범주 또한 완벽히 확인되지 않은 영역입니다.

다시 말해 AI는 우리가 생각하는 인공지능과 다릅니다. 다분히 그들의 문화권에서는 컴퓨터 프로그래밍으로 만들 수 있는 뇌 기능의 일부분으로 인식되는 것이죠. 우리가 '인공지능'이란 단어에 대해 환상을 지나치게 가지고 있는 것입니다. 예술을 하거나 망상 속에 사는 고전 수학자들에게 수학에 대한 잘못된 환상을 강요 받은 것처럼 말이죠.

마지막으로 이것을 우리는 이미 우리나라에 개인용 컴퓨터가 보급되던 시절에 올바르게 번역한바 있습니다. 그것은 바로 '정보처리장치'죠. 또는 '정보처리시스템'이라고 할 수도 있겠군요. 저는 역시나 그냥 AI라고 말하겠습니다.

AI이전에 퍼지(Fuzzy)라는 자동제어 이론이 있었습니다. 그 이전엔 너무 많은 이론들이 있었는데 그 중 대표적인 것이 PID입니다. 비례-미분-적분이라고 하죠. 여기서 미분과 적분이 나왔죠? 그렇다는 것은 이 자동제어 이론의 이름을 어떤 사람들이 붙였는지 알 수 있겠군요. 역시나 이것도 PID라는 이름이 생기기 훨씬 전에 있었던 자동제어 기법이며 '수학'을 예술가의 마음으로 두리뭉실하게 재포장하던 '고전 수학'자들이 붙인 것입니다. 또한 아주 단순한 이 이론은 놀라운 제어 성능을 가져다주었기에 마치 미분과 적분이 만들어 낸 것처럼 수많은 이론 책들을 만들어놨죠. 재미있게도 이것의 실체를 보면 미분은 빼기와 나누기, 적분은 더하기만으로 이루어진 사칙연산입니다. 이 상황을 보면 주식 전문가들이 당장 내일의 주가도 못 맞추면서 수많은 차트(Chart)를 그리고 있는 모습이 떠오르죠.

4. 수학을 가지고 내일로 가기

지구좌표계 연산 시스템을 통해 '대상물'의 근처까지 찾아갈 수 있습니다. 그리고는 영상인식이나 적외선 추적 등의 '자동제어'를 통해 부족한 정밀도를 보충할 수도 있다는 짧막한 마무리로 이 책의 프로그래밍을 끝내겠습니다. 아직 불완전하지만 최선의 해결책을 제공하는 자동제어에 대해서는 다른 책으로 찾아 뵙기로 하죠.

우리의 한 손에는 수학이 있습니다. 다른 한 손에는 컴퓨터가 있죠. 이런 실수를 했군요! 우리의 한 손엔 컴퓨터가 있고 그 안에 수학이 있습니다. 수학의 장점은 프로그래밍을 해두면 손쉽게 저장도 되고 바로 불러와 사용할 수도 있죠. 매번 외우고 기억하기 위해 노력하는 암기 형태의 지식들과는 다릅니다. 더욱이 한참 공부하는 시기에 몇 년간 노력해두면 그때 이해해둔 수학에 대한 생각은 평생 나와 함께 있죠.

이제 우리는 컴퓨터를 가지고 더 이상 미룰 수 없는 숙제를 풀기 위해 노력할 때입니다. 앞서 간단하게 지구와 태양계의 이동 속도를 살펴보았습니다. 태양계는 은하계 중심을 기준으로 공전 중입니다. (공전주기는 약 2억 3천만 년) 물론 은하계는 정말 상상 이상으로 넓어서 공전주기는 그리 빠르지 않죠. 그래도 지구가 태양을 공전하며 봄, 여름, 가을, 겨울이 찾아오듯이 태양계가 공전하며 태양계의 환경 또한 변화하게 될 것입니다. 이 말은 하나의 생각거리일 뿐이지만 우리는 알아야만 합니다. 그것은 우린 멈춰서 지키는 입장이 아니라 어디론가 순간이동만큼 빠르게 날아가고 있다는 것이고 날아가기 위해 노력하지 않으면 언젠가 따라가지 못하게 될 수도 있다는 것이죠.

우주를 생각하면 정말 너무 먼 이야기가 됩니다. 자칫 망상가들의 뒤를 따르게 될 수도 있죠. 예를 들어 '타임머신'이나 '웜홀(Worm Hole)' 등을 이용한 4차원적인 순간이동 등을 말입니다. 이런 류의 이야기는 아인슈타인(Albert Einstein, 독일 태생 미국인, 1879~1955)을 떠오르게 합니다.

정말 위대한 물리학자들 중에서 가장 대중화된 인물이며 그의 업적은 현대 물리학분야에 큰 영향을 주었죠. 하지만 아쉽게도 그 또한 '고전 수학'의 영향권 안에서 벗어나지 못한 사람입니다. 수많은 상상의 결과물을 쏟아냈지만 물리학자로서의 실질적인 결과를 내놓지는 못했죠. 우리가 아는 그의 업적들은 대부분 강대국 미국의 후배 과학자들과 수많은 전 세계의 과학자들에 의해 긍정적으로 해석되고 그들에 의해 일부 실체화되었을 뿐이죠. 사실 그의 이론들은 이미 오래전부터 이론적으로 알려졌던 내용들이 대부분이었습니다. 더욱이 핵폭탄의 경우 실체가 이미 독일에서 만들어진 후 그의 의견이 나왔기 때문에 그가 원자폭탄을 만들었단 말은 전혀 설득력이 없죠. 그럼에도 불구하고 그가 위대하다는 것은 예술을 하듯 허황된 상상만 하던 '고전 수학' 무리 중에서 그나마 설득력이 있는 표현 방법으로 자신의 생각을 표현했으며 다른 무리들의 생각 또한 잘 정리해줬다는 점일 것입니다. 이런 생각의 공유는 인류사에 더 없는 최고의 업적인 것이죠. 만약 이 사람이 컴퓨터를 배우며 잘 이해하고 사용할 줄 알게 되었다면 그의 업적은 지금과는 비교도 안 될 결과가 되었을 것 같군요. 하지만 사람은 각자 다른 천재성을 가지고 있기 때문에 전 세계인이 천재라고 말하는 그도 상상력 외엔 좋은 모습을 보이진 못했습니다.

지금 제가 이렇게 비판적으로 위대한 물리학자를 말하는 이유는 우리에게 큰 혼선을 선사했기 때문입니다. 그 혼선은 바로 '빛은 곧 시간이다'라는 그의 주장 때문입니다. 또한 이것은 '현대 수학'을 열심히 공부하는 것이 최선의 방법임을 확인시켜주는 좋은 사례가 됩니다. 사실 그의 주장이 아닐 수도 있습니다. 그는 단지 빛의 물리적 특징을 설명했을 뿐인데 그의 뒤를 잇는 후배들이 그렇게 왜곡시켰을지도 모르죠. 저는 물론 우리가 아인슈타인을 만난 적이 없으니 사실을 알 수는 없지만 어찌되었든 그의 이론에서부터 발생한 문제이니 그의 이론을 주시할 수밖에 없습니다. 그럼 지금부터 그의 빛에 대한 생각과 그로부터 이어진 시간과 공간에 대한 생각을 우리도 함께 생각해보겠습니다.

그가 정립한 빛의 특성은 우리가 생각하는 빛과 같습니다. 그가 빛을 만들었거나 발견한 것이 아니니 당연한 말입니다. 인류가 오래전부터 알고 있는 빛을 그가 물리학자들을 대표해 그들이 이해하는 그들의 표현 방법으로 설명한 것입니다. 그래서 이 부분은 재미가 없으며 저도 생략하겠습니다. 재미있는 그의 설명은 더 나아가 '상대성 이론'과 연계되면서 시작됩니다. 날이면 날마다 빛에 대한 자료를 보며 빛만 생각하고 빛을 보기 위해 여행을 다니던 그가 이 당시 그릇된 우주관을 가지게 되는데 그것은 '우주에서 가장 빠르게 이동하는 것은 빛'이라는 사실 때문입니다. 지금도 여전히 빛이 가장 빠르다고 말해지고 있죠. 그는 빛이 이 우주의 근본이라고 생각했었나 봅니다. 그래서 아래와 같은 실험을 생각해냈죠. 이 실험을 실제로 구현할 수는 없습니다. 인간의 기술적 한계 때문이기도 하지만 논리적 오류 때문에 불가능하죠. 물론 실제 실험은 안 하는 부류이기도 하고요(그는 '기차'를 예로 들었지만 우린 '마인크래프트'로 합니다).

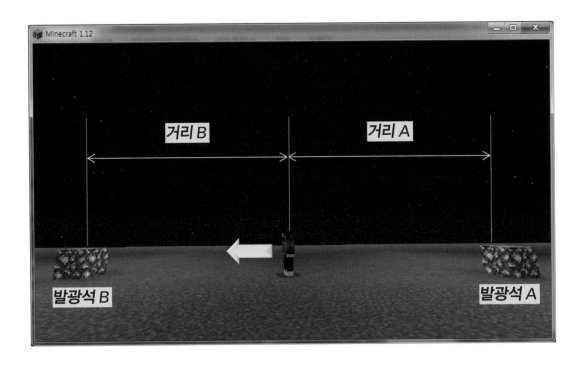

어떤 플레이어가 빠른 속도로 '발광석'에서부터 다른 '발광석'으로 달려가고 있습니다. 그리고 정확히 중간(거리 A=B)인 지점에서 양쪽의 '발광석'을 봅니다.

물론 아래 그림처럼 앞을 보고 있는 것과 동시에 뒤에 있는 발광석을 볼 수는 없습니다. 하지만 아인슈타인의 생각을 이해하기 위해서 우리도 그처럼 가정을 해야 하죠. 꼭 그래야 한다면 양방향을 보는 카메라를 2대 설치해서 동기화하면 가능한 부분이기 때문에 여러분들도 별다른 무리 없이 이러한 가정에 동의하실 것으로 생각됩니다.

그럼 다시 본론으로 돌아가 생각해보겠습니다. 플레이어가 물론 아무리 빨리 달린다 한들 빛의 속도보다는 아주 많이 느릴 것입니다. 그러나 분명 빛에도 속도가 있기 때문에 '발광석 A'로부터 시작된 빛이 플레이어 눈에 보이는 시점이 '발광석 B'로부터 시작된 빛보다 느리게 들어올 것입니다. 너무 미세한 차이이기 때문에 잘 이해가 안 될 것입니다. 하지만 이 플레이어가 속도(Speed) 효과(Effect)를 최대한 크게 부여받았다고 한다면, 그리고 그의 눈에 빛이 날아오는 것이 보일 정도로 빛과의 속도 차이가 줄어든다고 가정하면 어떤가요?

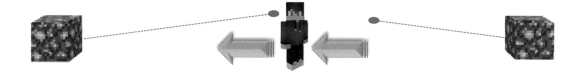

간단히 말해 하나의 발광석으로부터 날아오는 빛들을 보며 그것을 피해 다른 발광석 방향으로 달리고 있는 겁니다. 다른 발광석의 빛들을 잡으러 간다는 듯이 말이죠.

이 상황을 더 극대화시켜 플레이어가 빛의 속도에 도달한다면 '발광석 A'에서 시작된 새로운 빛들은 플레이어에 도달하지 못하게 됩니다.

결국 플레이어는 '발광석 A'가 시간이 지나 파괴되거나 꺼지는 걸 볼 수 없게 되죠. 이런 플레이어 기준에서는 '발광석 A'의 변화는 없는 것입니다. 이 변화를 다른 표현으로 한다면 '발광석 A'의 시간은 멈춰 있는 것이죠. 여기서 다른 하나의 가정을 추가해봅니다. 플레이어는 빛의 경로를 우회하여 '발광석 A'에 도달할 수 있다고 가정하고 더 이상 달리지 않는다고 한다면 플레이어 눈앞엔 긴 세월을 보낸 '발광석 A'가 나타나게 되죠.

이와 반대로 '발광석 B'는 플레이어가 빨리 달리는 것만큼 빠르게 변화하게 될 것입니다. 세월이 더 빠르게 흘렀다고 말할 수 있겠죠.

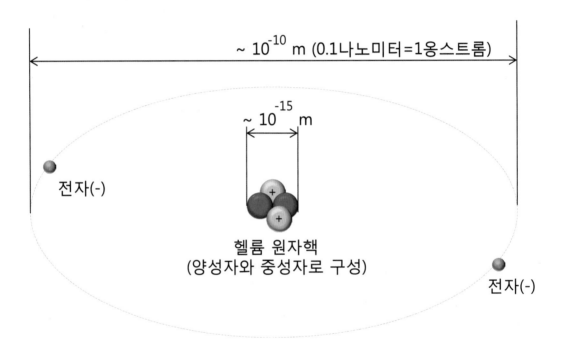

이렇게 아인슈타인은 너무나도 쉬운 예를 들며 일반인들에게 다가왔었습니다. 그러나 이것은 우리가 생각하는 일반적인 세계의 모습이 아닙니다. 위 그림은 헬륨 원자의 구조입니다. 아주 작은 원자의 세계 또한 3차원을 바탕으로 합니다. 다시 말해 이 우주는 3차원 공간에 존재하죠. 아인슈타인이 예로 들어 설명한 빛의 특징은 1차원적인 생각입니다. 전형적인 고전 수학자들처럼 3차원을 이해하거나 설명하기 어려워 상상 속의 1차원을 만들어 설명한 것이지요.

그렇다면 3차원의 정상적인 상태에서 빛을 생각해보겠습니다. 빛은 완벽히 깨끗한 진공 상태에서 직진을 합니다. 문제는 1차원으로 직진하는 것이 아니라 모든 방향으로 직진하죠. 그리고 중간에 무언가를 만나면 다시 산란을 하는데 그 또한 모든 방향으로 퍼져나갑니다. 우리가 거울 구슬을 보면 나도 거울 속의 나를 보지만 주변의 친구들도 거울 속의 그것을 보는 것처럼 말이죠. 또 내가 횃불을 들면 그것을 볼 수 있는 모든 곳에서 그 불빛을 볼 수 있습니다. 이처럼 1차원상의 빛의 흐름만을 억지로 가정하고 또 빛은 곧 시간의 흐름이라는 근거 없는 주장이 빛의 흐름을 역행하면 시간을 왜곡시킬 수도 있다는 흥밋거리를 만들었습니다.

이 이야기를 바로잡는다면 빛의 흐름이 시간의 흐름이 아니라는 사실에 도달하게 되며 일부 물리학자들이 말하는 '시공간 왜곡' 등의 현상은 단순히 '공간 왜곡'으로 정정되어야 할 것이죠.

아무리 블랙홀이 빛을 집어 삼킨다 한들 시간과는 무관한 현상입니다.

하지만 여기서 앞서 나온 원자의 형태를 보며 원자의 세계는 다르다는 주장들이 나옵니다. 우리의 눈엔 거대한 덩어리들로 보이지만 사실 원자 자체에도 많은 빈 공간들이 있고 그것들이 모여 분자가 되고 분자들이 모여 결국 무언가가 되는데 그 무언가엔 실체보단 빈 공간이 비교할 수 없을 만큼 많다는 겁니다. 이와 같이 이 우주의 모든 물질은 미세한 점들로 이루어져 있고 이것을 연구하는 이론이 양자 역학이라는 분야이죠. 하지만 그 누구도 이것을 명확히 설명하지 못하고 있습니다. 특히 이 이론을 처음 주장한 사람은 자신의 이론을 스스로 거부하였으며 같은 시대에 살았던 아인슈타인도 훌륭한 생각이긴 하지만 내가 다가갈 영역이 아니라며 멀리했습니다. 이런 물리학자들이 굳이 양자 역학이라고 말하지 않아도 분자와 원자로 이루어졌다는 건 이미 실험 위주의 물리학자들로부터 알려진 사실인데도 말이죠.

수학의 영역에서 그러했듯 물리학의 영역에서도 실체를 증명하고 발견하는 사람들이 있고 여전히 상상만으로 예술이나 철학을 하듯 이론을 만들기에 바쁜 사람들이 있었던 것이죠.

물론 과학이라는 이름으로 증명할 수 없는 영역은 무수히 많습니다. 이것을 단순한 논리로 생각해버리는 것보단 최대한의 가능성을 찾아 상상을 정리해나가는 것도 분명 중요한 과학이 맞습니다. 그러나 그렇게 시간을 보내던 시절도 있을 수 있지만 그렇게만 시간을 보내서는 안 되기도 하죠. 우린 현실에 살고 있지 가상세계에 살고 있는 것이 아니니까요.

이젠 현실의 세계에서 앞으로 나아가야 합니다. 가만히 주저앉아 저절로 시간을 제어하거나 시공간을 뛰어 넘길 바라서는 진정한 내일이 우리에게 다가와 주지 않으니까요.

그렇다면 우리가 할 것은 하나뿐입니다. 이 책에서 다루었던 '현대 수학'을 기반으로 하나씩 현실화하고 조금씩 인류의 영역을 넓혀 나가야 합니다.

지금 이 순간에도 우리는 마인크래프트의 순간이동만큼 빠르게 이동하고 있습니다. 누군가 제자리에 멈춰서 우릴 본다면 슬쩍 지나가는 게 보일 정도로 말이죠. 또한 우리의 지구와 태양계도 이동하고 있습니다. 우리의 은하계도 이동하고 있을 테고요. 어쩌면 우리에게 주어진 시간이 계속 흘러가고 있다고 생각할 수도 있겠군요. 우리의 남은 시간은 무수히 길지만 우리가 나아가는 걸음도 아주 느립니다. 그냥 멈춰 서서 상상이나 하며 있어야 할까요? 때론 상상을 넘어서 망상을 하고 그 망상이 천재적이라며 거짓 포장이나 하고 그것을 인정해주지 않으면 전쟁이나 하면서 말이죠. 지난 100년간의 세계 역사만 보더라도 이런 사람들, 이런 나라들이 우리 주변에 있었으며 세계적으로도 그들이 풍요롭게 전리품들을 누리고 있는 것은 사실입니다. 하지만 아무리 그래도 우리의 시간은 흐르고 있습니다.

5. 추가 설명: 랩뷰 준비하기

랩뷰를 준비하기에 앞서 마인크래프트 커맨드들에 대해 알려드릴 것이 있습니다. 이 책에서는 마인크래프트 커맨드에 대한 추가 설명을 하지 않습니다. 필요하신 분들은 이 책(전구 2개)의 아래 단계인 《마인크래프트로 배우는 코딩》(전구 1개) 책을 참고하세요. 또한 '마인크래프트로 배우는 AI:자동제어'(전구 3개)편으로의 추가 여행도 추천합니다.

{랩뷰 다운로드}

랩뷰(LabVIEW) 다운로드 방법에 대해 알아 보겠습니다.

가장 먼저 아래의 주소를 웹 브라우저에 입력합니다. (http://www.ni.com)

한국 내 접속을 자동으로 인식하여 아래와 같이 변경된 주소로 접속됩니다.

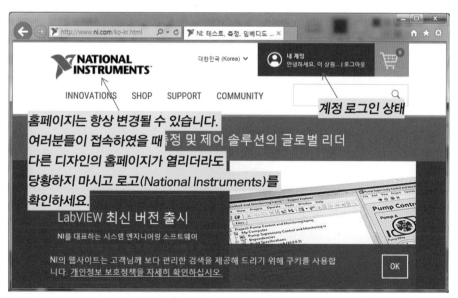

그리고 위 그림에서처럼 계정에 대한 정보를 필요로 할 것입니다. 〈로그인〉을 클릭하여 아래와 같은 창을 확인한 후 〈계정 생성〉을 클릭합니다.

웹 브라우저의 종류가 다르거나 홈페이지의 디자인이 어떻게 변화되더라도 '회원 가입'에 대한 안내는 손쉽게 찾을 수 있을 것입니다. 그리고 한번 가입해두면 이후 랩뷰에 대한 많은 정보를 공유 받을 수도 있죠.

간단한 정보를 입력하고 〈계정 생성하기〉를 클릭합니다.

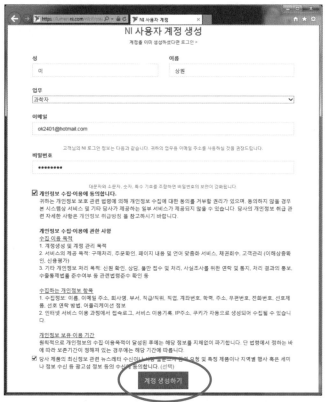

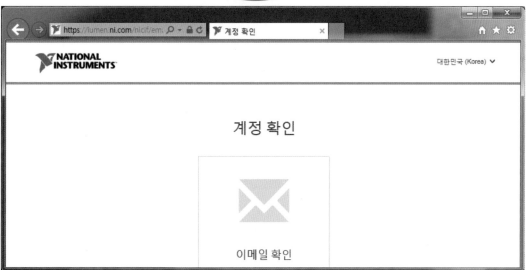

정말 간단한 회원 가입이죠? 이제 로고를 클릭해서 홈페이지 메인으로 갑니다.

다시 〈로그인〉을 클릭하고 회원 정보를 입력한 후 〈로그인〉합니다.

가장 간편한 방법은 아래와 같이 검색 창에 'labview'를 검색하는 것이죠.

검색 결과에서 'labview 다운로드'를 찾아 〈Download〉를 클릭하세요.

아래와 같이 옵션 선택창이 뜰 수도 있습니다. 랩뷰 구매자가 아니라면 '평가판을 사용하십니까?'를 선택합니다.

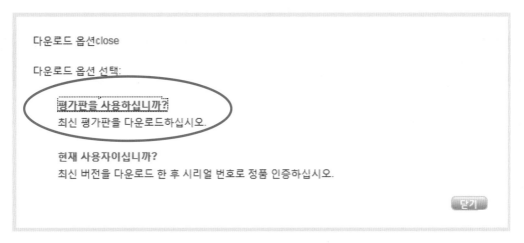

랩뷰는 무료 소프트웨어가 아닙니다. 상당한 가격의 제품이며 버전에 따라 가격의 차이가 있습니다. 하지만 7일~45일 동안 사용 가능한 평가판을 제공하고 있으며 이 책에서 다루는 범위내에서는 기능적인 문제가 없습니다.

다른 방법은 메뉴를 선택하며 다운로드 페이지로 접근하는 방법입니다. 〈SUPPORT〉를 클릭하세요.

기술 지원 창에서 〈소프트웨어〉, 〈LabVIEW〉를 클릭하세요. 아무리 디자인이 바뀌더라도 기술 지원(Support)과 랩뷰(LabVIEW)만 찾으시면 됩니다.

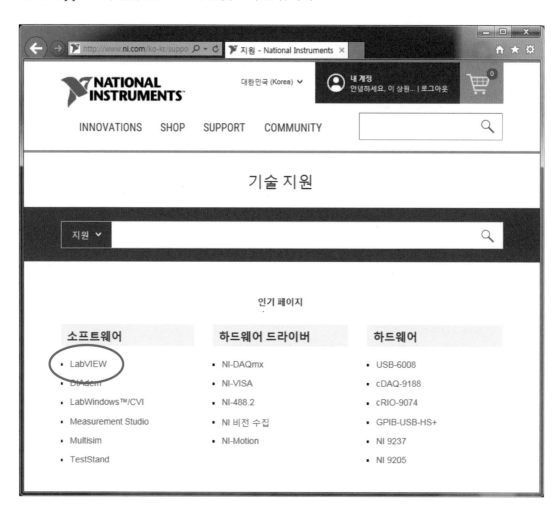

'NI 제품 다운로드'를 찾으신 후LabVIEW (32-bit)를 클릭하세요. 아래 그림에서는 'LabVIEW 2017 (32-bit)'가 최신이군요. 2017년도 버전이라는 의미이며 윈도우 비트의 영향을 받지 않도록 32-bit가 기본입니다.

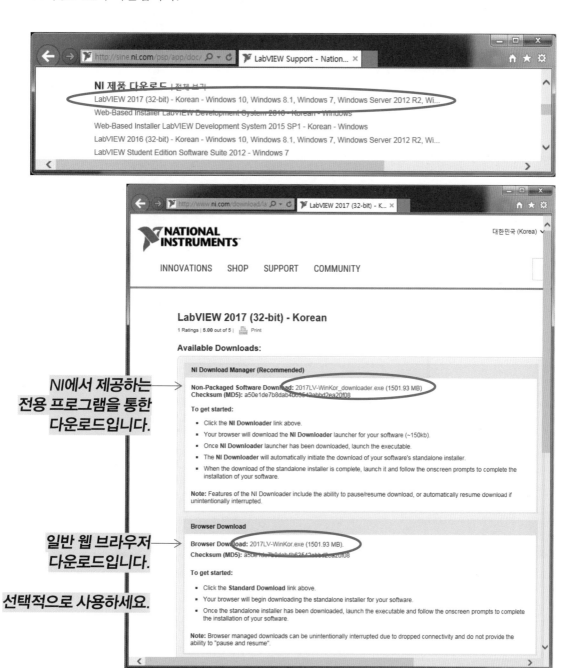

NI 전용 프로그램을 통한 다운로드 방법만 설명하겠습니다. 해당 링크를 클릭해주세요. 그러면 아래 그림처럼 다운로드창이 뜹니다.

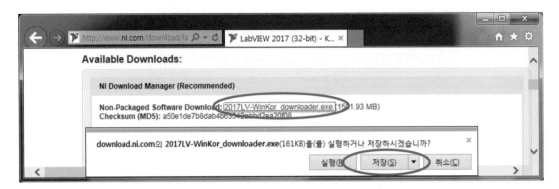

〈저장〉하시거나 삼각형 화살표를 눌러 〈다른 이름으로 저장〉을 해주세요. 중요한 것은 다운로드한 파일이 어디에 있는지만 아시면 됩니다.

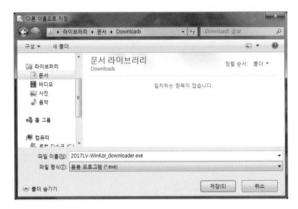

저는 위 그림처럼 〈다른 이름으로 저장〉을 선택하여 'Downloads' 폴더 안에 저장하겠습니다. 그 결과 아래와 같은 NI 다운로더(NI Downloader)가 저장되었습니다.

마지막으로 다운로드 된 NI 다운로더를 더블클릭하여 실행하면 '보안 경고'창이 뜨고 〈실행〉을 하면 저장 위치를 묻는 〈다른 이름으로 저장〉 윈도우창이 뜹니다. 원하시는 폴더로 이동한 후 〈저장〉을 클릭하면 실질적인 다운로드가 시작되며, 설치 프로그램이 다운로드 됩니다.

{랩뷰 설치}

이제부터 설치를 진행하겠습니다. 일반적으로 프로그램을 설치할 경우 설치 환경을 언급합니다. 하지만 그것은 컴퓨터의 성능과 용량에 많은 제한이 있던 시절의 이야기이죠. 랩뷰는 마인크래프트가 실행될 정도의 컴퓨터 성능이라면 사용이 가능하며 용량 또한 수 기가 바이트(GB)만 있다면 사용 가능합니다.

물론 어떠한 프로그래밍을 할 것이냐에 따라 그 작업 효율이 달라질 수 있으며 특히 하드웨어를 함께 사용할 경우는 컴퓨터의 성능과 용량을 따져보실 필요가 있습니다.

랩뷰 설치 프로그램을 더블클릭하여 실행합니다. 간단한 설치 상황 안내가 뜹니다. 압축된 파일로 다운로드했기 때문이며 〈확인〉을 클릭하면 본격적으로 압축 해제에 대한 창이 뜹니다. 〈Unzip〉을 클릭하면 압축 해제가 진행됩니다.

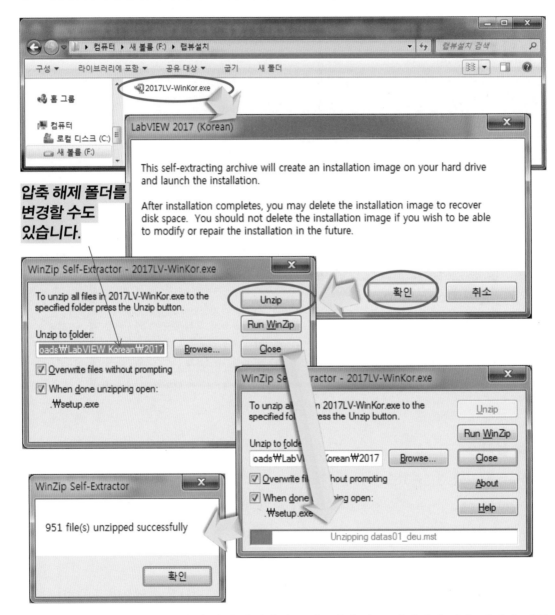

압축 해제가 완료되면 위와 같이 안내 팝업창이 뜨며 〈확인〉을 클릭하시면 다음 과정이 진행됩니다.

랩뷰는 .NET 환경을 사용하기 때문에 최신 프레임웍(Framework)를 필요로 합니다. 〈확인〉을 클릭하여 계속 진행합니다.

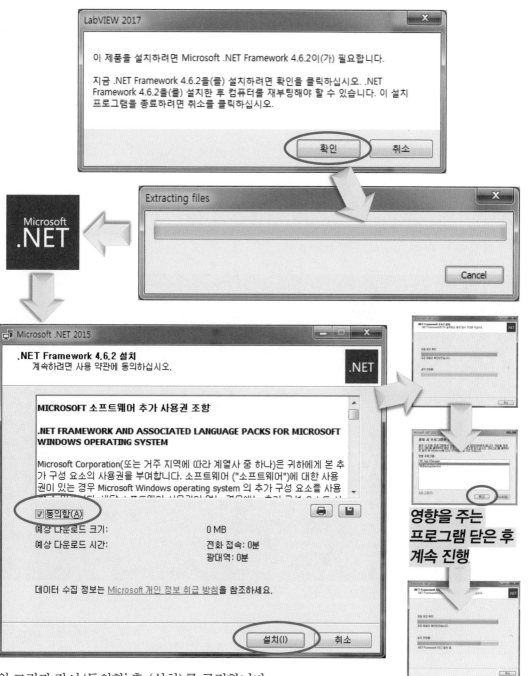

영향을 주는 프로그램 닫은 후 계속 진행

위 그림과 같이 '동의함' 후 〈설치〉를 클릭합니다.

.NET Framework 설치가 완료되었습니다. 〈마침〉을 클릭하세요. 그리고 번거롭지만 재부팅을 해줍니다.

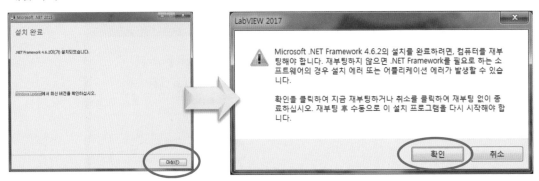

재부팅이 완료되면 이제 다시 랩뷰를 설치합니다. 앞의 과정과 동일하게 랩뷰 설치파일을 더블클릭하여 압축 해제부터 진행하면 됩니다(148페이지 참조).

아래와 같이 랩뷰 설치가 시작됩니다.

〈다음〉을 클릭한 후 '사용자 정보'를 입력합니다. 그리고 또 〈다음〉을 클릭하여 계속 진행합니다.

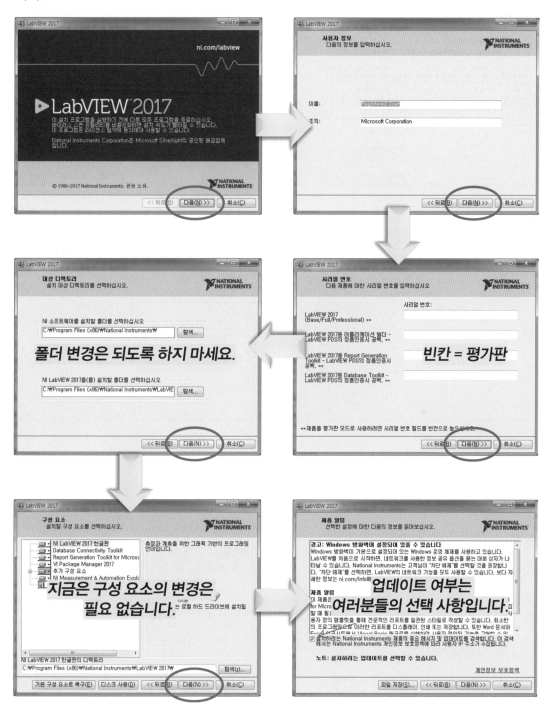

이젠 아래와 같이 두 번의 약관 동의를 하면 됩니다. 클릭하여 다음으로 진행해주세요.

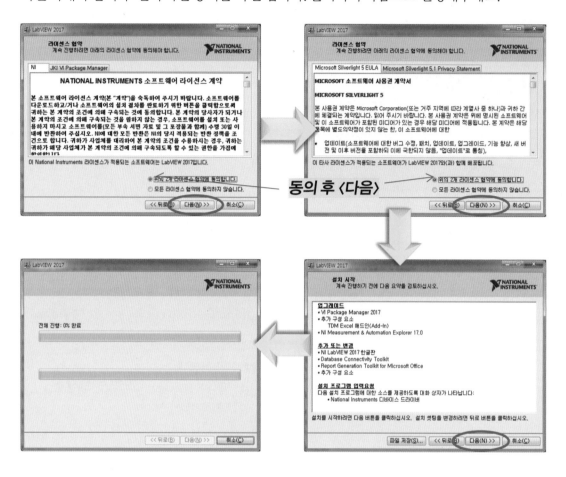

설치 과정 설명이 길지만 사실 일반적인 프로그램 설치 과정입니다. 어려움 없이 설치할 수 있는 내용이죠.

설치 진행 중 오른쪽과 같은 설치창이 뜹니다. 만약 하드웨어를 사용할 경우 해당 드라이버를 설치하라는 내용이죠. 역시 우리는 〈나중에 설치〉를 클릭하여 넘어가면 됩니다. 이후에 하드웨어를 사용하게 될 때 그것만 설치하면 되죠.

랩뷰 설치가 끝났습니다. 〈다시 시작〉을 클릭하여 재부팅합니다.

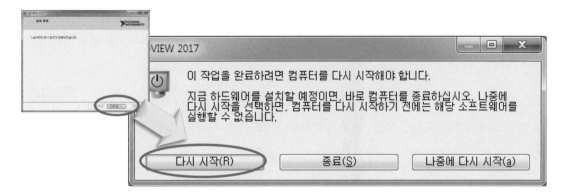

재부팅 후 랩뷰를 실행해봅니다. 이번 버전(2017)의 첫 화면은 아래와 같군요.

〈평가판 사용〉을 클릭하여 실행하면 됩니다. 버튼 아래에 '7일 남았음'이라는 문구가 있습니다. 기본이 7일이며 연장도 가능하죠. 중요한 것은 랩뷰의 버전에 상관없이 이 책의 모든 예제들을 프로그래밍하는 것엔 문제가 없습니다. 디자인이 조금 바뀌거나 이름이 부분적으로 바뀌었을 뿐 모두 동일하니까요. 이렇게 랩뷰 사용 준비가 완료되었습니다.

6. 마지막 글

참 난잡한 책이 만들어졌습니다. 저는 이 책 한 권에 여러 가지 생각을 억지로 몰아넣었습니다. 사실 여러 권의 책을 만들어야 하는데 말이죠. 그 여러 생각은 이러합니다.

① 마인크래프트로 코딩공부를 한 초등학생들이 그 다음 목표를 확인할 수 있도록 마인크래프트와 함께 쉽고 재미있는 수학 프로그래밍에 대한 책을 쓰자.

② 대학을 가기 위해 왜 공부하는지도 모를 어려운 수학을 외우듯 공부하는 중, 고등학생들에게 지금 여러분들이 배우는 수학은 정말 재미있는 학문이고 잘못 전파되고 있는 일부 고전 수학 때문에 수학 전체를 멀리하지 말라는 당부의 책을 쓰자.

③ 이제 수학은 다 배웠다. 수학은 사회에서 쓸모가 없다. 프로그램 관련 종사자는 단순 작업을 하고 야근을 밥 먹듯 하는 단순 노무자라고 생각하는 어른들에게 그것은 외국의 프로그램을 단순히 받아들여 암기식 공부하듯 단순 세팅하는 수학을 못하는 사람들의 잘못된 인식이라는 것을 말해주는 책을 쓰자.

대략 이 정도의 생각을 모아 쓰다 보니 이런 책이 나왔습니다. 성의 없이 쓴 책이 아님을 알아주시길 바라며 왜 우린 다른 나라에선 버려지고 있는 고전 수학에 꿈꾸기도 바쁜 10대를 보내야 하고, 수학을 멀리한 채 어른이 되어 다른 나라 소프트웨어의 영업사원과 같은 프로그램 관련 업무를 하고 있을까요? 조금만 생각하고 조금만 바꾼다면 창의적이고 깊은 정신문화를 좋아하는 우리에겐 너무나도 좋은 분야가 소프트웨어 분야라고 생각합니다. 더욱이 우리가 나아가야 할 곳은 더 높고 더 먼 길이니까요.

마인크래프트로 배우는
랩뷰:프로그래밍

ⓒ 이상원, 2017

초판 1쇄 발행 2017년 9월 7일

지은이   아삼 이상원
펴낸이   이기봉
편집   좋은땅 편집팀
펴낸곳   도서출판 좋은땅
주소   경기도 고양시 덕양구 통일로 140 B동 442호(동산동, 삼송테크노밸리)
전화   02)374-8616~7
팩스   02)374-8614
이메일   so20s@naver.com
홈페이지   www.g-world.co.kr

ISBN   979-11-5982-992-5 (03000)

이 도서의 국립중앙도서관 출판시 도서목록(CIP)은 서지정보유통지원시스템 홈페이지(http://seoji.nl.go.kr)와 국가자료공동목록시스
템(http://www.nl.go.kr/kolisnet)에서 이용하실 수 있습니다. (CIP제어번호 : CIP2017021669)